LE
BLOCUS DE PARIS

ET LA

PREMIÈRE ARMÉE DE LA LOIRE

Par A. G.

ANCIEN ÉLÈVE DE L'ÉCOLE POLYTECHNIQUE

DEUXIÈME PARTIE

COULMIERS ET SES SUITES

PARIS

LIBRAIRIE MILITAIRE DE L. BAUDOIN ET Ce

IMPRIMEURS-ÉDITEURS

30, Rue et Passage Dauphine, 30

1890

Tous droits réservés.

LE
BLOCUS DE PARIS
ET LA
PREMIÈRE ARMÉE DE LA LOIRE

DU MÊME AUTEUR :

Une maxime de Napoléon, par **A. G.** Paris, 1879, broch. in-8 avec 5 croquis.   60 c.

Une deuxième Maxime de Napoléon Ier, par **A. G.** Paris, 1880, broch. in-8 avec 3 croquis.   75 c.

Une troisième Maxime de Napoléon Ier, par **A. G.**, ancien élève de l'École polytechnique. Paris, 1881, broch. in-8.

Une quatrième maxime de Napoléon, par **A. G.**, ancien élève de l'École polytechnique. Paris 1882, broch. in-8 avec deux cartes.   1 fr. 50

Encore une Maxime de Napoléon, par **A. G.**, ancien élève de l'École polytechnique. Paris 1886, broch. in-8 avec un croquis.   1 fr. 25

Quelques Maximes de guerre de Napoléon Ier. — Conclusions, par **A. G.**, ancien élève de l'École polytechnique. Paris, 1882, broch. in-8 avec carte.   1 fr.

L'armée de Châlons, son mouvement vers Metz (1870), par **A. G.**, ancien élève de l'École polytechnique. Paris, 1885, 1 vol. in-8 avec 3 cartes et un tableau.

La perte des États et les camps retranchés, par **A. G.** Paris 1888, broch. in-8.   2 fr.

La perte des États et les camps retranchés. Réplique au général Brialmont, par **A. G.**, ancien élève de l'École polytechnique. Paris, 1889, broch. in-8.   1 fr. 25

De la véritable utilité des places fortes, par **A. G.**, ancien élève de l'École polytechnique. Paris, 1883, broch. in-8.   75 c.

Paris — Imprimerie L. BAUDOIN et Ce, 2, rue Christine.

LE
BLOCUS DE PARIS

ET LA

PREMIÈRE ARMÉE DE LA LOIRE

Par A. G.

ANCIEN ÉLÈVE DE L'ÉCOLE POLYTECHNIQUE

DEUXIÈME PARTIE

COULMIERS ET SES SUITES

PARIS

LIBRAIRIE MILITAIRE DE L. BAUDOIN ET Cⁱᵉ

IMPRIMEURS-ÉDITEURS

30, Rue et Passage Dauphine, 30

—

1890

Tous droits réservés.

IV
COULMIERS

IV

COULMIERS

La période de la guerre franco-allemande que nous venons d'étudier, et qui s'étend du commencement de septembre à la fin d'octobre, n'avait été marquée que par deux grands événements : l'investissement de Paris et la capitulation de Metz. Encore faut-il observer que, si fâcheux qu'ils fussent, ces événements ne devaient pas être considérés par les Français comme de nouveaux échecs, mais seulement comme des conséquences du désastre de Sedan. L'un et l'autre étaient également inévitables, par cette raison que la France n'ayant plus d'armée pour tenir la campagne, elle n'avait le moyen, ni d'empêcher les vainqueurs de Sedan d'entreprendre le blocus de Paris, ni de dégager l'armée bloquée dans Metz. La capitulation de cette dernière, amenée par le manque de vivres, marquait l'anéantissement définitif des forces organisées par le gouvernement impérial.

<small>Les armées de l'Empire ont été anéanties</small>

Pendant ces deux mois, qui avaient été employés par les Allemands à recueillir tous les avantages que leur promettaient les grandes victoires obtenues par eux du 14 août au 1er septembre, de grands efforts avaient été faits par toute la France pour organiser de nouvelles forces; mais ces forces ne se trouvèrent en mesure d'entreprendre des opérations importantes qu'au mois de novembre, et ce n'est vraiment qu'à ce moment que commence la seconde partie de la guerre, c'est-à-dire la lutte des Allemands contre les armées organisées par le gouvernement de la Défense nationale.

Formations de nouvelles armées à Paris.

A Paris, le général Ducrot n'avait pas cessé de poursuivre méthodiquement les préparatifs de son plan de sortie par la Basse-Seine. Au commencement de novembre, les redoutes établies dans la presqu'île de Gennevilliers étaient armées de pièces de gros calibre ; celles du moulin des Gibets, de la Folie, de Charlebourg et du petit Nanterre en comprenaient une vingtaine des calibres de 24 et de 12, ou de 30 de la marine ; d'autres étaient établies près du village de Gennevilliers ; l'artillerie de tous ces ouvrages devait protéger à droite et à gauche le passage de la Seine aux environs de Bezons et d'Argenteuil, et couvrir de feux toute la presqu'île de Houilles.

En même temps, le général Ducrot s'était occupé de donner aux forces nombreuses réunies à Paris une organisation mieux en concordance avec ses projets.

Ces forces furent divisées en trois armées distinctes.

Première armée sous le général Clément Thomas.

La première armée comprit 266 bataillons de garde nationale, une légion de cavalerie et une légion d'artillerie. Elle fut placée sous les ordres du général Clément Thomas.

Cette armée était destinée à occuper surtout l'enceinte et à maintenir le calme dans l'intérieur de la capitale.

La deuxième armée, qui fut la principale, comprenait la presque totalité des troupes de ligne, notamment celles qui avaient composé les 13e et 14e corps et un certain nombre de bataillons de mobiles de province.

L'armée de sortie sous le général Ducrot.

Pour organiser cette armée, on commença par constituer les régiments de marche formés avec des 4es bataillons en véritables régiments de ligne. Les premiers étaient numérotés de 5 à 39. Les nouveaux régiments de ligne reçurent les nos 105 à 139 (1) ; les régiments de 105 à 126 entrèrent dans la composition de la 2e armée, et, de plus, le 136e, qui forma brigade avec le 4e régiment de zouaves constitué avec le régiment de zouaves de marche.

Cette armée fut placée sous les ordres du général Ducrot, et c'est à sa tête que ce général devait exécuter sa sortie et essayer de rejoindre les armées de province.

Elle fut formée en trois corps, sous les ordres des généraux Blanchard, Renault et d'Exéa, et comprit, de plus, une division de cavalerie sous les ordres du général Champéron et une réserve générale d'artillerie.

L'artillerie était commandée par le général Frébault, le génie par le général Tripier. Le général Ducrot avait pour chef d'état-major le général Appert.

Les deux premiers corps comprenaient chacun 3 divisions et une réserve d'artillerie ; le 3e corps n'avait que deux divisions et une brigade de mobiles avec une réserve d'artillerie.

---

(1) Les numéros 127, 129, 130, 131, 132, 133 n'existaient pas à Paris, les régiments de marche, 27, 29, 30, 31, 32, 33 étant déjà en formation en province au moment de l'investissement.

Cette armée comptait environ 100,000 hommes avec 300 pièces de campagne.

<small>Troisième armée sous le général Vinoy.</small> La 3ᵉ armée était composée de la principale partie des mobiles de province, avec quelques bataillons de la Seine et deux régiments de ligne (137ᵉ et 138ᵉ). Elle fut formée en 6 divisions d'infanterie, et comprit de plus une division de cavalerie. Elle fut placée sous les ordres du général Vinoy. Elle avait pour mission d'appuyer les tentatives de sortie, mais sans chercher à s'éloigner de Paris, dont elle deviendrait la force principale après le départ de la 2ᵉ armée.

En dehors de ces trois armées, il y avait encore le commandement de Saint-Denis, qui formait trois brigades, sous les ordres supérieurs de l'amiral La Roncière le Noury ; il comprenait 3 régiments de ligne, (128ᵉ, 134ᵉ et 135ᵉ), quelques marins et la principale partie des mobiles de la Seine, avec plusieurs bataillons de mobiles de province, formant ensemble un effectif de 35,000 hommes.

Sauf la première armée, toutes ces troupes constituaient des forces mobiles présentant un effectif d'environ 200,000 hommes.

Le reste des bataillons organisés occupait les forts et les défenses extérieures et portait ainsi le nombre des défenseurs de Paris à plus de 400,000 hommes, en y comprenant la garde nationale sédentaire ; mais il n'y avait que 200,000 hommes capables de livrer bataille pour rompre la ligne d'investissement, et la moitié seulement était destinée à s'éloigner de Paris, si c'était possible. A la tête de toutes ces forces, se trouvait le général Trochu ; le général Schmitz était son chef d'état-major. Le général Guiod avait, sous les ordres du gouverneur, le commandement supérieur de l'artillerie ; le général de Chabaud-Latour, celui du génie.

La nouvelle organisation de l'armée fut décidée en principe au commencement de novembre et définitivement arrêtée le 8 ; quelques jours après elle était à peu près achevée et on allait être bientôt en mesure de commencer les opérations. Mais, pour avoir des chances de succès, il fallait le concours des armées de province et, le 10 novembre, le Gouvernement de Paris n'avait reçu aucune réponse au sujet du projet d'opérations qu'il avait communiqué à diverses reprises à la Délégation de Tours. Rien, en effet, n'avait pu décider les chefs de la Délégation à entrer dans les vues du Gouvernement.

Comme nous l'avons vu, c'était sur la Loire que la Délégation de Tours avait réuni les principales forces organisées en province, et, dès la fin d'octobre, 90,000 hommes environ étaient prêts à marcher sur Orléans en deux masses, dont la principale était réunie en avant de Blois, l'autre aux environs d'Argent, sur la route de Bourges à Gien.

Situation de l'armée de la Loire.

Diverses circonstances avaient retardé le mouvement en avant de ces deux masses. Le général d'Aurelle en avait profité pour réparer le désordre qu'avaient produit dans quelques corps les mouvements par voie ferrée qui avaient servi à transporter les troupes du 15º corps de Vierzon à Blois et à Vendôme.

En outre, les proclamations, que Gambetta avait lancées en annonçant la capitulation de Metz, produisirent des impressions de natures diverses, mais également fâcheuses sur les chefs et sur les soldats de l'armée de la Loire.

Plusieurs généraux étaient indignés des imputations injurieuses adressées à l'ancienne armée (1); quelques-uns furent sur le point de donner leur démission, et, en même temps, la discipline fut fortement ébranlée parmi les troupes, notamment au 16ᵉ corps. Le général d'Aurelle se rendit le 1ᵉʳ novembre au quartier général de ce corps d'armée et s'efforça d'apaiser les esprits en rappelant que l'armée n'avait qu'à obéir au Gouvernement et à se dévouer pour le pays.

En somme, on parvint à s'affranchir assez rapidement de l'impression douloureuse qu'avait produite la nouvelle de la perte de l'armée de Metz.

Dès qu'on eut avis de la rupture des négociations ouvertes à Versailles, on reprit le projet de la marche sur Orléans et l'on se mit en mesure de l'exécuter.

Positions occupées le 3 novembre.

Le 3 novembre, les troupes que le général d'Aurelle avait directement sous ses ordres, vinrent occuper les positions suivantes :

La 2ᵉ division du 15ᵉ corps (Martineau des Chenez) eut une brigade à Mer et une autre à Muides, sur la rive gauche de la Loire ; la 3ᵉ division (Peytavin) se porta à Villexanton et à la Chapelle-Saint-Martin.

---

(1) Il faut remarquer que, dans ses proclamations à la nation et à l'armée, Gambetta ne visait pas seulement Bazaine, mais les chefs de l'armée.

« L'armée de la France, disait-il dans la première, est engloutie, malgré l'héroïsme des soldats, *par la trahison des chefs,* dans les désastres de la Patrie. »

« J'ai flétri, comme je le devais, disait-il dans la seconde, la trahison de Sedan et la capitulation de Metz. »

La division de cavalerie Reyau et l'artillerie de réserve entre Suèvres et Mer ; le général d'Aurelle avait établi son quartier général sur ce dernier point.

Le 16ᵉ corps fut réuni derrière la forêt de Marchenoir, dont il occupait la lisière par ses avant-postes. Le gros des troupes se trouvait à Marchenoir.

La veille, le général Chanzy avait pris le commandement de ce corps d'armée, en remplacement du général Pourcet, qui avait reçu une autre destination. Ces troupes conservèrent leurs positions jusqu'au 6 novembre. La 1ʳᵉ division du 15ᵉ corps, sous les ordres du général Martin des Pallières occupait Argent avec une brigade de cavalerie et quelques troupes du 16ᵉ corps formées à Bourges, sous les ordres du général Maurandy.

Derniers préparatifs de la marche sur Orléans.

Le projet du général en chef était toujours celui qui avait été arrêté dans les conférences de Salbris et de Tours, les 24 et 25 octobre, et qui consistait à marcher sur Orléans par un mouvement concentrique, le gros de l'armée s'avançant par l'ouest, tandis que le corps du général des Pallières s'y porterait par Gien.

Quelques milliers d'hommes laissés à Salbris, sous le général Faye, et un détachement formé à Blois sous les ordres du commandant de Cathelineau, devaient concourir à cette opération et se diriger sur Orléans par la rive gauche de la Loire.

Le général d'Aurelle s'occupait d'achever ses préparatifs, en vue d'exécuter les mouvements convenus, lorsqu'il reçut, le 4 novembre, une lettre de M. de Freycinet, qui proposait avec l'assentiment de Gambetta de modifier les dispositions primitivement arrêtées. Il s'agissait de doubler les forces confiées au général des Pallières et destinées à se porter sur Gien, et d'exécuter de ce côté l'attaque principale projetée sur Orléans ; tandis que le général d'Aurelle ne ferait par Blois qu'un mouvement secondaire. Celui-ci parvint à faire comprendre au Ministre que les modifications qu'on proposait entraîneraient de nombreux retards, et il fut définitivement autorisé, le 5 novembre, à exécuter le plan primitivement arrêté.

Le gros de l'armée de la Loire, sous les ordres du général d'Aurelle, comprenait plus de 60,000 hommes, le corps du général des Pallières était fort de 30,000 hommes. C'était donc avec plus de 90,000 hommes, qui devaient être prochainement renforcés, que l'armée de la Loire allait essayer de reprendre Orléans, puis de dégager Paris, tandis que 100,000 hommes étaient prêts à attaquer par l'intérieur la ligne d'investissement.

L'armée de la Loire ne devait d'abord rencontrer que des forces inférieures, car il n'y avait à Orléans que les Bavarois avec la 2e division de cavalerie, et à Chartres la 22e division avec les 4e et 6e divisions de cavalerie. Le général d'Aurelle allait donc se trouver dans des conditions favorables.

Depuis que l'armée française était établie en avant de Blois, elle faisait journellement des reconnaissances sur son front et poussait au loin des pointes de cavalerie. Les avant-postes du 16e corps occupaient toute la lisière de la forêt de Marchenoir depuis Roches jusqu'à Écoman.

Ils comprenaient plusieurs bataillons de ligne ou de mobiles, ainsi que les francs-tireurs du commandant

Liénard et ceux du lieutenant-colonel Lipowski, et aussi une brigade de cavalerie qui occupait Autainville avec une batterie.

Toute cette ligne était sous les ordres du général Abdelal, commandant de la brigade de cavalerie, qui, de sa personne, était établi à Autainville.

Le 6, ce général fit connaître que l'ennemi semblait préparer un mouvement dans la direction de Coulmiers, et il demanda à aller reconnaître ses positions avec des renforts qui lui furent immédiatement envoyés.

Le général Abdelal se mit en marche le 7 novembre à 7 heures du matin, dans la direction de Verdes, avec l'intention de se rabattre ensuite à droite, de manière à longer les positions que l'on supposait occupées par l'ennemi. A 10 heures il n'avait encore rien fait connaître de nouveau, lorsque le général Chanzy entendit de fréquentes détonations d'artillerie partant de Saint-Laurent-des-Bois ; sans perdre de temps, le commandant du 16e corps se porta sur les lieux avec le 3e bataillon de chasseurs et 2 mitrailleuses, après avoir prescrit à la brigade Bourdillon (1re division) d'appuyer le mouvement.

<small>Combat de Vallière (7 novembre).</small>

Nos francs-tireurs étaient, en effet, aux prises avec une colonne ennemie composée de 2 bataillons bavarois, 2,000 cavaliers et 10 bouches à feu qui s'étaient avancés par Baccon et Villermain, dans le but de reconnaître les positions françaises. Les tirailleurs allemands ne se trouvaient plus qu'à 500 mètres du village de Saint-Laurent, lorsque arriva le 3e bataillon de chasseurs qui, débouchant du village, parvint à les culbuter avec l'aide de quelques compagnies de mobiles, quoique nous n'ayons pas encore d'artillerie pour combattre les pièces allemandes.

Mais en même temps, le général Abdelal, entendant aussi le bruit du canon, avait fait rentrer sa reconnaissance et dirigé sur Vallière un régiment de dragons, et sur Villegruau une batterie à cheval soutenue par un escadron de cuirassiers. Ces renforts débouchent sur le théâtre de l'action vers 2 heures, à peu près en même temps que la brigade Bourdillon qui, elle aussi, amenait une batterie. L'ennemi se retire alors sur Vallière, qu'il dut bientôt abandonner, à l'approche des dragons du général Abdelal. Il se replia sur ses anciens emplacements, après avoir perdu environ 150 hommes, dont une centaine de prisonniers. De notre côté nous n'avions eu que 4 hommes tués et une quarantaine de blessés, la plupart du 3e bataillon de chasseurs qui avait longtemps soutenu seul l'effort de l'ennemi, et qui, par sa belle conduite, fut mis à l'ordre du 16e corps.

Le même jour le colonel Lipowski, dans une reconnaissance sur Châteaudun, avait surpris 200 cuirassiers blancs et en avait tué ou blessé environ 25.

Marche en avant le 8 novembre. Ces débuts étaient de bon augure pour la suite des opérations ; sous la bonne impression qu'ils venaient de produire, on se mit en mouvement le 8 au matin ; l'ennemi, pendant cette journée, n'offrit aucune résistance, et nos troupes arrivèrent, sans avoir tiré un coup de fusil, sur les positions que le général d'Aurelle leur avait assignées.

La 2e division du 15e corps, sous les ordres du général Martineau des Chenez, à Cravant, Messas et Beaumont.

La 3ᵉ division, commandée par le général Peytavin, à Rilly et au château du Coudray; la réserve d'artillerie en arrière, avec une brigade de cavalerie.

Les 2 divisions du 16ᵉ corps, sous les ordres de l'amiral Jauréguiberry, arrivé la nuit précédente, et du général Barry, depuis le château du Coudray jusqu'à Ouzouer-le-Marché.

Les 2 divisions de cavalerie furent réunies à la gauche du 16ᵉ corps, sous les ordres du général Reyau, près de Prénouvellon. On savait l'ennemi établi à peu de distance, dans les environs de Coulmiers, et l'on avait l'intention de livrer bataille le lendemain ; une conférence eut lieu le soir dans le but d'en arrêter les dernières dispositions. Le général Chanzy y assistait, ainsi que le chef d'état-major, général Borel.

Le plan consistait à attaquer l'ennemi de front avec le 15ᵉ corps, à essayer de le déborder par la gauche avec le 16ᵉ, et à soutenir le mouvement débordant par toute la cavalerie se portant rapidement sur sa ligne de retraite.

Pendant ce temps, les troupes, sous les ordres du général des Pallières, s'étaient mises en marche pour atteindre Orléans par l'est. Ces troupes, qui comprenaient la 1ʳᵉ division du 15ᵉ corps, une brigade du 16ᵉ, une brigade de cavalerie et sept batteries d'artillerie, présentaient un effectif de plus de 30,000 hommes, et le général des Pallières avait fait savoir qu'il arriverait à Orléans le 11. Si la bataille avait lieu le 9, il n'était donc pas possible de compter sur son concours, et, par suite des mouvements des Allemands, c'était bien ce jour-là que l'on allait en venir aux mains.

Forces allemandes entre l'Eure et la Loire.

Leur situation ne s'était pas beaucoup modifiée depuis les derniers jours d'octobre. Cependant, à l'arrivée du IIe corps d'armée, qui avait été dirigé de Metz sur Paris par les voies rapides, la 17e division avait été distraite de la ligne d'investissement et portée vers le sud-ouest, pour renforcer les troupes que les Allemands avaient déjà entre Orléans et Chartres. Le duc de Mecklembourg, ancien commandant du XIIIe corps, dont la 17e division avait fait partie avec la 2e division de réserve, avait reçu le commandement de toutes ces troupes le 7 novembre, le jour même du combat de Vallière.

D'après ces dispositions, le général von der Tann, qui commandait à Orléans, devait être sous les ordres du duc de Mecklembourg. Mais ce dernier n'était pas encore arrivé, non plus que la 17e division ; aussi von der Tann, le 8 au matin, s'attendant à l'attaque des Français, s'empressa de demander l'appui des forces qui se trouvaient à Chartres. Le général de Wittich, qui commandait sur ce point, avait répondu à cette demande que, le 9 novembre, la 22e division serait rendue à Voves et la 4e division de cavalerie à Orgères.

Les Bavarois prennent position à Coulmiers avec la 2e division de cavalerie.

En attendant, le commandant du 1er corps bavarois avait pris ses mesures pour recevoir le choc des Français. Il savait que, pendant que des forces considérables s'avançaient par l'ouest, un autre corps se trouvait aux environs de Gien, et il prit le parti de réunir les troupes dont il disposait en avant de Coulmiers et de la forêt du Montpipeau.

Ces dispositions présentaient plusieurs avantages. D'abord, le terrain était plus favorable à la résistance qu'aux abords d'Orléans; en outre, en s'établissant face au sud-ouest, on conservait ses communications par Artenay sur Paris, tandis qu'à Orléans on risquait d'en être coupé. Enfin, en se portant à quelques lieues vers l'ouest, on se dérobait au corps signalé du côté de Gien, et l'on était sûr, au moins pour le premier jour, de n'avoir affaire qu'aux forces venant de Blois; en même temps, on se rapprochait des renforts attendus, qui, le 9, devaient arriver à Voves et Orgères, et qui, par conséquent, devaient être en mesure d'entrer en ligne le 10. Le général von der Tann ne disposait, pour le moment, que du Ier corps bavarois et de la 2e division de cavalerie présentant ensemble un effectif d'environ 25,000 hommes. Le 9, de grand matin, la 2e division bavaroise occupait le château de Montpipeau et Rosières; la 1re division, la ferme Descures: les cuirassiers bavarois, Saint-Péravy; la 2e division de cavalerie était déployée en avant de ces positions de Baccon à Saint-Sigismond par Coulmiers, où elle était soutenue par plusieurs bataillons.

Dès que von der Tann eut connaissance de l'approche des Français qui paraissaient se diriger principalement sur sa gauche, il résolut de s'établir de ce côté sur la Mauve et de prendre l'offensive avec sa droite en la portant par Coulmiers vers le sud-ouest. En conséquence, il dirigea la 3e brigade bavaroise sur le château de Préfort, la 1re sur la Renardière, la 4e sur Coulmiers, conservant provisoirement la 2e en arrière à Bonneville avec l'artillerie de réserve; en même temps il ordonna à la cavalerie de l'aile droite de se rabattre de Saint-Péravy et de Saint-Sigismond sur Coulmiers. Les Bavarois étaient en marche pour occuper ces positions, lorsque déjà la lutte était engagée aux bataillons d'avant-postes.

<small>Bataille de Coulmiers (9 novembre).</small>
L'armée de la Loire s'était mise en mouvement à 8 heures du matin. A droite, la brigade Rebillard de la division Martineau, avec 2 batteries, marchait sur le Bardon et le château de la Touanne.

Ensuite la 3ᵉ division (Peytavin) se dirigeait sur Baccon suivie de l'artillerie de réserve du 15ᵉ corps, de la brigade de cavalerie Boério, primitivement commandée par le général Michel, qui avait été appelé à l'armée des Vosges, et de la brigade Dariès de la division Martineau.

Ces troupes devaient enlever Baccon ainsi que les châteaux de la Renardière et du Grand-Lus.

Plus loin, vers la gauche, venait le 16ᵉ corps, dont la 2ᵉ division marchait par Champdry sur Coulmiers et la 1ʳᵉ par Charsonville sur Gémigny.

Enfin, à l'extrême gauche de l'armée se trouvaient les 2 divisions de cavalerie, sous le commandement du général Reyau qui devait s'avancer sur Saint-Péravy, de manière à être en mesure de déborder la droite ennemie. Le général Reyau avait de plus sous ses ordres les francs-tireurs du lieutenant-colonel Lipowski et ceux du commandant Foudras qui devaient reconnaître, dès la pointe du jour, Tournoisis et Saint-Péravy.

Vers 9 heures et demie les tirailleurs de la division Peytavin engagent l'action en avant de Baccon, bientôt soutenus par 2 batteries de 4 et 2 batteries de 8, qui s'établissent près du hameau de Champdry, sous le commandement du colonel Chappe.

Du côté des Allemands, les batteries à cheval de la

2ᵉ division de cavalerie prennent position de chaque côté du village pour soutenir l'infanterie qui l'occupe, tandis que le gros de la 1ʳᵉ brigade bavaroise avec ses batteries s'établit près de la Renardière.

Au 16ᵉ corps, dès que la division Barry débouche de Champdry, elle est prise en écharpe par la batterie à cheval placée au nord de Baccon qui, malgré le feu des pièces françaises a pris surtout pour objectif les colonnes d'infanterie ; la division Barry s'arrête quelque temps, pendant que 2 de ses batteries prennent position pour la protéger.

La division Peytavin enlève Baccon, la Renardière et le Grand-Lus.

Cependant les troupes de la division Peytavin continuent leur mouvement, bien soutenues par le feu de nos batteries, qui, au grand étonnement des Allemands, parviennent à prendre le dessus sur l'artillerie qui leur est opposée, et après une heure de lutte nos fantassins enlèvent d'assaut le village de Baccon.

Les bataillons et les batteries à cheval allemandes se replient sur la Renardière ; ces dernières, prenant une nouvelle position près de Hotton, sont rejointes par les batteries de la 1ʳᵉ brigade bavaroise.

Pendant ce temps, la brigade Rebillard, dirigée sur le Bardon et le château de la Touane, avait occupé ces positions sans éprouver de résistance et s'y était établie sans essayer de pousser plus loin.

Aussi la 3ᵉ brigade bavaroise, qui avait été dirigée de ce côté, fut-elle bientôt attirée sur la Renardière par le général de Tann qui avait rapidement compris qu'il n'avait rien de sérieux à craindre sur sa gauche, et que le grand effort des Français allait être dirigé sur la Renardière et sur Coulmiers.

Aussitôt Baccon enlevé, la division Peytavin avait, en effet, continué son mouvement sur la Renardière.

L'artillerie de Champdry vint la soutenir en s'établissant près de Baccon et à la ferme de Boynes. Bientôt après, une 5ᵉ batterie, sur l'ordre du général en chef, vient prendre position près de la ferme de la Cour-Saint-Christophe.

En présence de cette attaque, vigoureusement conduite, les Bavarois évacuent d'abord le village de la Rivière, puis le parc de la Renardière.

Protégés par leurs batteries qui prennent de nouvelles positions, ils se retirent dans les bois situés en avant du château de Montpipeau, où ils se maintiennent avec l'appui de la 3ᵉ brigade qui, justement, arrivait sur le théâtre de l'action ; cependant la division Peytavin, continuant son mouvement, occupe bientôt le Grand-Lus, et se dirige sur Coulmiers.

L'amiral Jauréguiberry occupe Epieds et Cheminiers.

Pendant ce temps la division Jauréguiberry, qui formait la gauche du 16ᵉ corps, s'était également portée en avant ; elle était vers 10 heures et demie à hauteur de Saintry et devait continuer son mouvement par Epieds et Cheminiers ; mais, par suite de l'arrêt de la division Barry, elle se trouvait fortement en avant de cette division. Pour ne pas laisser vide l'intervalle qui la séparait du 15ᵉ corps, le général Chanzy avait établi une batterie de 12 sur le chemin de Saintry au Grand-Lus. 2 batteries bavaroises étaient en position près de Coulmiers et devaient être bientôt renforcées par une 3ᵉ. La 4ᵉ brigade bavaroise occupait le village et les alentours, et, dès qu'on vit le mouvement tournant se dessiner, la 2ᵉ brigade qui était en réserve à Bonneville, ainsi que la cavalerie qui occupait encore Saint-Péravy reçurent l'ordre de se porter dans la direction de Saint-Sigismond et de Gémigny.

Au moment où la 1re division du 16e corps débouchait d'Epieds, elle fut accueillie par une grêle d'obus partant de Coulmiers et de Gémigny.

L'amiral Jauréguiberry continua cependant son mouvement en mettant ses batteries en position pour appuyer ses bataillons.

Toutefois la situation fut assez précaire, jusqu'à l'arrivée de la division Barry, qui, par suite du retard qu'elle avait éprouvé, n'entra en ligne qu'à midi.

L'artillerie aussitôt placée en avant de Saintry commence à tirer sur Coulmiers.

L'action était alors engagée sur tout le front de l'armée.

« C'était, en ce moment, dit le général d'Aurelle, un spectacle imposant que celui de cette jeune armée de la Loire; elle combattait sur tous les points à la fois avec une ardeur admirable (1). »

Quand la Renardière et le Grand-Lus eurent été emportés par le 15e corps, la division Barry put enfin porter son offensive contre Coulmiers, tandis que l'amiral, qui avait occupé Cheminiers, se portait dans la direction de Champs avec la brigade Deplanque; la brigade Bourdillon marchait en seconde ligne et servait de réserve au 16e corps.

---

(1) Et le général d'Aurelle ajoute avec raison :
« Si le général Trochu avait pu la voir dans ce moment, il en aurait
« parlé avec moins de dédain qu'il ne l'a fait au sein de l'Assemblée
« nationale. »

Une tentative exécutée contre le village de Champs échouait devant l'entrée en ligne de la 2ᵉ brigade bavaroise appuyée par quatre batteries qui, placées à 2 kilomètres à l'est de Cheminiers, purent maîtriser le feu de l'artillerie française.

<small>Attaque et prise de Coulmiers par la division Barry et la brigade Dariès.</small>

La première attaque de la division Barry contre Coulmiers n'eut pas plus de succès ; mais cette division fut bientôt appuyée à droite par la brigade Dariès qui avait d'abord formé la réserve du 15ᵉ corps et qui fut dirigée sur Coulmiers, soutenue par deux batteries de 8 que le général en chef établit au Grand-Lus.

Menacés de front et sur leur droite, les défenseurs de Coulmiers furent enfin obligés de reculer devant l'attaque de la division Barry et de la brigade Dariès. Il était à peu près 4 heures ; une heure plus tard, la 1ʳᵉ division, vigoureusement conduite par l'amiral, parvenait de son côté à s'installer à Ormeteau et à Champs.

La bataille était définitivement gagnée, et, dès 4 heures, le général von der Tann avait ordonné la retraite sur Gémigny et Saint-Sigismond, pour de là gagner Artenay.

<small>Inaction de la cavalerie.</small>

Malheureusement, la victoire de l'armée de la Loire ne fut pas aussi complète qu'elle aurait pu l'être par suite du manque de coup d'œil et d'initiative du général qui commandait la cavalerie. Ce général, au lieu de se diriger sur Saint-Péravy, s'était porté dans la direction de Saint-Sigismond et avait fait canonner ce village par ses batteries à cheval qui avaient éprouvé de grandes pertes de la part de l'artillerie ennemie ; à 2 heures, il avait fait prévenir qu'il était obligé de se replier.

Le général Chanzy avait alors porté en avant la brigade Bourdillon de la 1re division du 16e corps, jusque-là maintenue en réserve, et l'avait dirigée sur Saint-Sigismond pour soutenir la cavalerie; l'artillerie de réserve était également en mesure d'appuyer le combat de ce côté. Vers 5 heures, le général Reyau fit encore prévenir que de l'infanterie ennemie lui était signalée dans la direction de Villamblain, et qu'il se retirait sur ses emplacements de la veille. On sut bientôt que l'infanterie signalée n'était autre que les francs-tireurs Lipowski; mais la nuit arrivait, et, par suite de ces divers incidents, le général Chanzy croyant sa gauche menacée, n'avait pas pu prolonger son mouvement sur la droite de l'ennemi, comme il eût été désirable de le faire pour compléter la victoire et rendre difficile la retraite des Bavarois.

Cependant, la défaite de ceux-ci était bien réelle. Non seulement le soir ils se retirèrent sur Gémigny, Saint-Péravy et Coinces; mais après avoir donné quelques heures de repos à ses troupes, le général von der Tann les remit en marche sur Artenay où se trouvèrent réunis, le matin du 10, les Bavarois et la 2e division de cavalerie; le jour même, ces troupes continuaient leur retraite pour arriver le soir à Toury.

Retraite des Bavarois.

Du côté des Français, les 15e et 16e corps passèrent la nuit qui suivit la bataille sur les positions conquises, depuis le Bardon à droite, jusqu'à Champs qu'occupait une brigade de l'amiral Jauréguiberry. La victoire n'était donc pas douteuse, elle nous avait coûté près de 1500 hommes tués ou blessés; les pertes des Allemands en hommes atteints par le feu, ne dépassaient pas un millier d'hommes, mais on leur fit près de 2,000 prisonniers.

Mouvement du général des Pallières

Pendant ce temps, le général des Pallières s'était mis en mouvement comme il en avait reçu l'ordre. Mais, tout en pressant la marche de ses troupes, il n'avait pu se trouver sur le théâtre de l'action.

Il était arrivé le 8 à Châteauneuf et s'était dirigé le 9 au matin, c'est-à-dire le jour de la bataille, sur Vennecy. En arrivant à Fay-aux-Loges, il avait entendu le bruit du canon et avait pressé le pas pour se rapprocher d'Orléans. Mais, après une marche de onze lieues, il avait dû arrêter ses troupes, ayant constaté l'impossibilité d'arriver sur le champ de bataille. Il apprit cependant, le soir même, le succès que le général en chef venait d'obtenir, et remit ses troupes en marche le 10 pour les porter sur Chevilly; mais les Bavarois s'étaient retirés avec tant de précipitation, qu'il ne devait plus retrouver leurs traces. Ses troupes s'arrêtèrent à Chevilly, ayant besoin de repos après une marche aussi fatigante qu'inutile.

Les divisions victorieuses prirent aussi le repos qui leur était nécessaire pendant la journée du 10, qui fut employée surtout au ravitaillement des vivres et des munitions. Toutefois, dès le matin, le commandant de Lambilly, chef d'état-major de l'amiral, ayant appris qu'une colonne de voitures en désordre se trouvait encore à Saint-Péravy et Patay, se mit sur ses traces avec une centaine de cavaliers; il parvint à s'emparer de 2 pièces de canons, de 25 caissons et à faire 130 prisonniers, dont 5 officiers.

En réalité, les Bavarois étaient en pleine retraite et se retiraient même si vite, que l'armée de la Loire ne pouvait plus songer à les poursuivre. Cependant il est certain que le succès que nous venions d'obtenir aurait pu être plus complet, si plusieurs fautes n'avaient pas été commises soit pendant la bataille, soit pendant les mouvements qui l'avait précédée. Pendant l'action, la cavalerie, dont le rôle avait été défini par le général d'Aurelle d'une manière fort judicieuse, fit complètement défaut.

La victoire des Français aurait pu être plus complète.

Si, au lieu de se laisser tromper par de fausses apparences, le général Reyau eût exécuté les instructions qu'il avait reçues, la droite des Bavarois eût été débordée vers le milieu de la journée, et, non seulement la victoire eût été décidée beaucoup plus vite, mais les Bavarois, coupés de Paris, auraient pu être rejetés sur la forêt d'Orléans et pris en grand nombre. Les raisons que le général Reyau a pu donner pour expliquer son inaction sont pitoyables ; car, si 2 divisions de cavalerie ne peuvent pas reconnaître ce qu'elles ont devant elles, et se laisser leurrer à ce point de prendre quelques fantassins amis pour des adversaires, quelle troupe pourra-t-on jamais charger du service des renseignements ? Si le général Reyau avait des doutes sur ce qui se trouvait devant lui, il n'avait qu'à y aller voir, et il eût été rapidement fixé. Sa conduite est donc inexcusable, et l'on ne peut qu'approuver le général en chef de lui avoir retiré son commandement après la bataille. Mais une autre faute, d'une tout autre nature, avait été commise dans la conception même du plan qui avait pour but de reprendre Orléans aux Allemands.

Faute commise dans la conception du plan d'attaque.

Cette faute consistait à avoir divisé l'armée en deux fractions, dont l'une devait marcher sur Orléans par Blois et Beaugency, l'autre en venant de Gien. Il était à peu près certain que les 2 corps, étant éloignés de 80 kilomètres, combineraient mal leurs opérations et qu'on ne réussirait pas, comme on l'espérait, à prendre les Bavarois entre deux feux.

En outre, on risquait d'éprouver un grave échec, car l'ennemi pouvait être prévenu de nos dispositions, et, en se dérobant au gros de l'armée, tomber sur le corps venant de Gien, et le mettre en déroute. Il est vrai que, alors, le gros de l'armée occupait Orléans sans résistance; mais les Bavarois, vainqueurs du corps venant de Gien, auraient pu revenir par Bellegarde et Pithiviers sur Toury, et, après s'être joints aux renforts amenés par le duc de Mecklembourg, ils auraient été en mesure de marcher sur Orléans, et d'en chasser de nouveau les Français.

Le plan d'opération de l'armée française avait été conçu d'après le modèle de ceux que, jadis, Wurmser et Alvinzi avaient essayé d'exécuter pour débloquer Mantoue, en 1796. Eux aussi se proposaient de prendre les Français entre deux feux, et Bonaparte, après avoir repoussé leurs attaques d'une manière si brillante, n'a pas manqué plus tard de montrer en quoi elles étaient défectueuses: « Wurmser, dit-il, supposait l'armée française fixée autour de Mantoue, et qu'en cernant ce point fixe, il cernerait l'armée. »

Il en était de même d'Alvinzi s'avançant sur le plateau de Rivoli.

« Sa combinaison, dit Bonaparte, eût été fort belle,

si les hommes comme les montagnes eussent été immobiles. »

Ces critiques s'appliquent mot pour mot au plan que l'armée de la Loire eut à exécuter en marchant sur Orléans.

On supposait que les Bavarois y étaient immobiles comme les montagnes, et qu'on les y cernerait comme un point fixe. Il est vrai qu'ils n'ont pas manœuvré d'une manière aussi brillante que Bonaparte. Mais en évacuant Orléans pour aller combattre à Coulmiers, ils se sont soustraits aux dangers du mouvement enveloppant dont ils étaient menacés ; le succès que l'on avait obtenu n'était pas en rapport avec les moyens dont on disposait, parce que, par suite d'une fausse combinaison, un tiers de nos forces ne put assister à la bataille. Au contraire, ce corps détaché aurait pu éprouver un échec, si l'adversaire eût manœuvré avec plus de sagacité.

En s'y exposant, on avait donc commis une faute incontestable ; la Délégation, aussi bien que le général d'Aurelle, furent d'accord à ce sujet ; mais, sur ce point, il nous semble que c'est le général seul qui doit être rendu responsable. Les hommes de la Délégation, militaires improvisés, n'étaient pas obligés de savoir à quoi l'on s'expose en se portant à l'ennemi avec des corps séparés. Depuis plusieurs mois, on ne parlait que des mouvements tournants des Allemands ; il n'est guère étonnant que ces nouveaux stratégistes, ignorants de toute science militaire, aient voulu, eux aussi, envelopper l'ennemi sans s'enquérir des conditions à remplir pour exécuter de pareils mouvements.

Mais le général en chef, s'il eût été bien pénétré des principes essentiels de la stratégie, aurait dû intervenir pour les arrêter (1).

<small>Comment il fallait marcher sur Orléans.</small>

Dès qu'on était décidé à prendre l'offensive en marchant sur Orléans, il fallait s'y porter en une seule masse, sous la direction immédiate du général en chef. Or, il est certain que la ligne d'opérations qu'il fallait choisir était celle qu'a suivie la partie principale de l'armée. Il fallait donc concentrer l'armée entre la forêt de Marchenoir et Beaugency. Pour atteindre ce résultat, en partant des positions occupées le 25 octobre, on pouvait prendre les dispositions suivantes :

Diriger la 1re division du 15e corps, par voie ferrée, de Bourges et Vierzon sur Vendôme, et, de là, sur la lisière nord de la forêt de Marchenoir, entre Saint-Laurent-des-Bois et Autainville ;

Porter en même temps, par voie de terre, la 3e division sur Marchenoir par Romorantin et Blois, avec la cavalerie et l'artillerie de réserve.

Pendant que ces mouvements s'exécutaient, la 2e division restait en observation à Salbris, et le 16e corps se réunissait à l'est de la forêt de Marchenoir.

Une fois ces mouvements préparatoires exécutés, l'armée tout entière se portait en avant, la division Martineau venant rejoindre le gros sur la rive droite, en traversant le fleuve à Beaugency. Les troupes du général Maurandy restaient seules sur la rive gauche avec une brigade de cavalerie, pour attirer l'attention

---

(1) Il y a plus de 10 ans que j'ai présenté sommairement cette critique dans ma première étude sur les *Maximes de Napoléon*.

de l'ennemi, et en se reliant aux détachements de Cathelineau et du général Faye.

En adoptant ces dispositions, on eût livré la bataille de Coulmiers avec plus de 80,000 hommes, et, sans doute, infligé aux Bavarois une défaite complète.

Voilà comment le général d'Aurelle aurait dû modifier le plan de la Délégation, pour appliquer les principes fondamentaux de l'art de la guerre, dont il était d'autant moins permis de s'écarter, que les troupes, comme leurs chefs, étaient également inexpérimentées.

Le principe de toute offensive est d'assurer la simultanéité des efforts, et l'on ne peut être certain d'y réussir qu'à la condition de réunir l'armée avant de la conduire à l'ennemi.

En négligeant cette condition essentielle, on s'était mis dans des conditions relativement défavorables ; on n'avait pas utilisé tous les moyens dont on disposait, et, quoique la faute commise n'ait pas eu toutes les conséquences qu'elle pouvait entraîner, on ne peut pas la contester.

Une fois cette faute commise, on doit reconnaître que les dispositions prises pour livrer la bataille de Coulmiers, furent parfaitement conçues, et l'on peut dire que l'exécution eût été aussi bonne que la conception, si la cavalerie eût exécuté les mouvements qui lui avaient été prescrits. Mais nous dirons que dans cette circonstance on subit l'influence de la faute commise en envoyant sur Gien 30,000 hommes ; car si le général des Pallières eût été sur le champ de bataille, à la gauche de l'armée, non seulement il eût été assez fort pour exécuter tout seul le mouvement débordant, mais

A la faute commise dans les dispositions d'ensemble vont s'ajouter celles de la cavalerie sur le terrain

de plus il aurait sans doute entraîné la cavalerie avec lui. C'est ainsi que, tandis que les erreurs faites sur le terrain ont leurs conséquences immédiates, celles que l'on commet dans la direction générale des opérations ont leurs conséquences plus lointaines.

Mais on voit en même temps l'influence réciproque qu'elles ont les unes sur les autres. Avec de l'habileté et de la vigueur pendant l'action, on peut réparer les fautes de direction commises dans les journées précédentes.

C'est ainsi que Dupont à Haslach et Davout à Awerstædt, par leur attitude si brillante, parvinrent à réparer les fautes commises par Murat autour d'Ulm, par Bernadotte à Dornbourg, fautes dont Napoléon n'était aucunement responsable.

De même, par des dispositions d'ensemble judicieuses, on peut trouver le moyen d'atténuer et même d'annihiler les conséquences d'une action engagée dans des conditions défectueuses. C'est ainsi qu'à notre avis Napoléon, s'il eût été battu définitivement le jour de Marengo, aurait pu presque certainement, grâce à l'habile disposition de ses troupes pendant les jours précédents, arrêter les Autrichiens un peu plus loin, et les mettre quelques jours plus tard dans la situation où la victoire de Marengo les conduisit de suite. De même à Coulmiers, si le général Reyau eût eu du coup d'œil et de l'initiative, il aurait pu atténuer les conséquences des dispositions défectueuses du plan d'ensemble ; à l'inverse, si le général Martin des Pallières eût été avec le gros de l'armée, l'incapacité du général Reyau n'eût pas eu l'occasion de se montrer, car la cavalerie eût été entraînée dans le mouvement de l'armée.

Au contraire, la faute commise sur le terrain par le général qui commandait la cavalerie, venant s'ajouter aux erreurs de direction commises au sujet des mouvements de l'armée, on se trouvait à tous les points de vue dans des conditions relativement défavorables, et c'est pour cela que la victoire de Coulmiers n'a pas été aussi complète qu'on devait l'espérer. Si seulement on eût évité l'une ou l'autre de ces fautes les Bavarois eussent été complètement débordés dans le courant de l'après-midi, leur retraite eût été compromise et ils auraient peut-être perdu, avec beaucoup de matériel, de 10 à 15,000 prisonniers.

Le général en chef ne saurait être rendu responsable de la faute du général Reyau; mais, au contraire, c'est bien à lui que l'on doit imputer l'erreur commise en dirigeant le général des Pallières sur Gien.

Le général d'Aurelle venait de montrer des qualités sérieuses en organisant l'armée et aussi pendant la bataille; mais en même temps il n'avait pas semblé se douter des principes essentiels de la stratégie. C'est ainsi que l'on peut voir la différence qui existe entre un général capable de bien livrer une bataille et celui qui est apte à diriger les opérations. Avec un certain coup d'œil, quelque expérience et de l'énergie, on devient propre à engager une action et à la conduire avec autant de vigueur que d'intelligence.

Le général d'Aurelle n'avait pas toutes les qualités d'un général en chef.

C'était le cas de la plupart des maréchaux du premier Empire.

Mais il faut des facultés d'un autre ordre pour diriger les opérations d'une armée; l'expérience et les qualités naturelles n'y conduisent que lorsqu'elles sont accompagnées de longues études et de profondes méditations. Si le général d'Aurelle eût non seulement lu, mais médité les *Commentaires de Napoléon*, il aurait aperçu ce qu'il y avait de défectueux dans le plan qui devait conduire l'armée de la Loire à Orléans ; et devant les bonnes raisons qu'il aurait pu donner, le Ministre de la guerre eût certainement consenti, à cette époque, à modifier les premières dispositions.

Le général Martin des Pallières n'en savait pas plus long que le général en chef sur les règles relatives à la conduite des armées. Dans l'ouvrage qu'il a écrit sur les opérations du 15e corps, il reproche au général d'Aurelle d'avoir livré trop tôt la bataille et d'avoir empêché ainsi le corps qui venait de Gien d'y concourir, sans sembler se douter que c'est le mouvement des Bavarois qui a avancé le moment du combat.

Car, en vérité, c'est à eux qu'il faut reprocher de ne pas avoir exécuté le plan comme il avait été convenu à Tours, et de ne pas être entré dans les vues de la Délégation pour se faire détruire.

Rentrée des Français à Orléans.

Mais si la victoire ne fut pas aussi complète qu'on pouvait l'espérer, elle était cependant réelle. La reprise d'Orléans en fut la conséquence immédiate. M. de Cathelineau, qui avait suivi les mouvements de l'armée par la rive gauche de la Loire, y était entré le soir même de la bataille, et y avait pris quelques traînards avec du matériel ; le lendemain, le général d'Aurelle vint établir son quartier général à Villeneuve-d'Ingré, aux portes de la ville.

Le succès que nous venions d'obtenir, eut par toute

la France un grand retentissement, et, après tant de malheurs, on se remit à espérer.

Cependant, sur tous les autres points du territoire, l'envahisseur ne cessait de faire des progrès.

Situation dans l'Est.

Dans l'Est, notamment (1), le général Werder ayant rejeté l'armée des Vosges sur Besançon, avait continué son mouvement dans la direction de Dijon. Après avoir occupé Gray, 2 brigades badoises (1re et 3e) se présentèrent le 30 octobre devant Dijon, qui était défendu par 8,000 mobiles. A la suite d'un combat dans lequel les Français firent preuve de vaillance, la ville fut évacuée et occupée, le 31 octobre, par les deux brigades badoises qui avaient combattu la veille. A la même époque, la 2e brigade badoise se trouvait à Vesoul, et les troupes prussiennes, qui faisaient partie du XIVe corps, à Gray; en même temps, les Allemands s'emparaient des dernières places de l'Alsace et commençaient le siège de Belfort.

Prise de Schlestadt (24 octobre) et de Neuf-Brisach (10 nov). Investissement de Belfort.

Dans les premiers jours d'octobre, la 4e division de réserve, qui s'était formée dans le Brisgau, avait passé le Rhin à Neubourg, occupé Mulhouse et bloqué Schlestadt et Neuf-Brisach. Dès le 24 octobre, Schlestadt avait capitulé, tandis que Brisach put résister jusqu'au 10 novembre. Les Allemands n'avaient pas attendu la reddition de cette dernière place pour marcher sur Bel-

---

(1) Tout en ayant surtout pour but d'exposer les événements survenus entre Paris et la Loire, nous croyons utile, pour l'intelligence des opérations, de faire connaître d'une manière sommaire la situation sur les autres théâtres de la guerre. Les diverses opérations qui se sont déroulées simultanément, si elles sont distinctes, ne sont cependant pas complètement indépendantes les unes des autres.

fort. Après la prise de Schlestadt, cette place avait été occupée par des troupes de la 1re division de réserve qui, d'abord laissées à Strasbourg, avaient participé au siège, et le gros de cette division avait été dirigé vers le sud avec les éléments de la 4e division qui n'étaient pas nécessaires devant Neuf-Brisach. Dès le 2 novembre, ces forces se présentaient devant Belfort et, après un premier combat, rejetaient la garnison sous la protection des ouvrages.

Le 8, l'investissement était terminé, et le gros de la 4e division fut dirigé, après la prise de Neuf-Brisach, par Saint-Maurice sur Vesoul pour rejoindre le général Werder, tandis que la 1re division de réserve restait seule chargée du siège de Belfort.

Le 3 novembre, le général Werder fut avisé du mouvement de la IIe armée de Metz dans la direction de Troyes et invité, en même temps, à pousser ses opérations offensives au sud de Dijon.

Nombreuses forces françaises en avant de Chagny.

Mais à ce moment, les forces françaises réunies dans cette région avaient déjà atteint un développement considérable. Autour de Besançon, l'armée des Vosges se reformait et présentait un effectif de 45,000 hommes avec 7 batteries.

En même temps, Garibaldi se trouvait entre Dôle et Auxonne avec 12,000 hommes, et vers Chagny il y avait environ 18,000 hommes avec trois batteries, faisant partie d'un corps en formation à Nevers. Enfin, Langres était occupé par 12,000 hommes.

En présence de toutes ces forces, Werder ne s'avança au sud de Dijon et de Gray qu'avec prudence. Il rencontra les Français sur presque toutes les directions et ne fit que des progrès insignifiants.

Vers le 9 novembre, il apprit que le corps français de Besançon descendait le Doubs pour se joindre à Garibaldi vers Dôle. En effet, la Délégation craignant un mouvement de la IIe armée par la vallée de la Saône sur Lyon, avait prescrit à la partie principale de l'armée des Vosges de se diriger sur Chagny ; d'autres troupes tirées de Lyon étaient portées sur le même point, où 50,000 hommes se trouvèrent rassemblés vers le 12 novembre. En même temps, Garibaldi était dirigé sur Autun.

Werder, dès qu'il avait connu ces mouvements, avait mis tout le XIVe corps en marche dans le but de tomber sur le flanc du corps français qui venait de Besançon ; mais, en approchant de Dôle, il apprit que cette ville était déjà évacuée et que les Français se trouvaient plus bas, vers Saint-Jean-de-Losne. Le général prussien voulut alors tenter un coup de main sur Auxonne, mais la situation de la place l'y fit bientôt renoncer, et il ramena les jours suivants le gros du XIVe corps sur Dijon, craignant un mouvement des Français sur cette ville par Beaune. Le 14, les trois brigades badoises se trouvèrent rassemblées presque entièrement au sud-est de la ville, tandis que la brigade prussienne revenait à Gray.

En même temps, la 4e division de réserve était appelée sur Vesoul pour établir la liaison entre le XIVe corps et les troupes chargées du siège de Belfort.

On avait d'abord hésité pour savoir si l'on se contenterait de bloquer cette place ou si on l'assiégerait. Le grand quartier général s'était enfin arrêté à l'idée d'en faire le siège et la 1re division de réserve avait été affectée à cette opération.

La garnison, qui comprenait environ 18,000 hommes, commandés par un chef énergique, devait rendre cette entreprise difficile, et la place devait résister jusqu'à la fin des hostilités.

En somme, les Allemands disposaient sur le théâtre d'opérations compris entre Dijon, Langres et Belfort, du XIVe corps, des 1re et 4e divisions de réserve, présentant ensemble un effectif d'environ 50,000 hommes. Les Français en avaient à peu près le double, en y comprenant les garnisons de Belfort, de Besançon et de Langres, mais la moitié seulement était disponible pour tenir la campagne.

Cependant, la situation du général Werder aurait pu devenir difficile, et probablement il aurait été obligé de lever le siège de Belfort, si toutes les troupes françaises qui étaient réunies à Chagny étaient restées dans cette région ; mais la partie principale de ces forces devait être prochainement appelée sur la Loire.

Il est vrai que, de son côté, le général Werder pouvait être appuyé par une partie des forces allemandes venant de Metz ; mais le succès de Coulmiers devait attirer également plusieurs corps prussiens sur la Loire. Le grand quartier général de Versailles n'avait pas perdu de temps pour utiliser les corps que la capitulation de Metz rendait disponibles.

Forces allemandes rendues disponibles par la capitulation de Metz.

Dès le 23 octobre, alors que l'armée française était encore debout, M. de Moltke, regardant la capitulation comme certaine avant la fin du mois, avait pris ses dispositions pour porter au cœur de la France, les forces qui avaient formé l'armée de blocus.

Ces forces comprenaient 7 corps d'armée, avec la 3ᵉ division de réserve et deux divisions de cavalerie. C'étaient, d'une part, les corps I, VII et VIII, qui, avec la 3ᵉ division de cavalerie, avaient formé la Iʳᵉ armée dès le début des hostilités; et, d'autre part, les corps II, III, IX et X, qui, avec la 1ʳᵉ division de cavalerie, avaient fait partie de la IIᵉ armée. A la suite des batailles de Metz du 16 et du 18 août, toutes ces forces avaient été mises sous les ordres du prince Frédéric-Charles ; la 3ᵉ division de réserve était venue les renforcer à la fin du mois d'août.

En exécution des ordres venus du grand quartier général, le IIᵉ corps fut acheminé sur Paris par voie ferrée, à partir du 26 octobre, pour renforcer l'armée d'investissement.

Le gros de la IIᵉ armée dut se mettre en marche vers la Haute-Seine, en prenant sa direction sur Troyes. La capitulation ayant été signée le 27 au soir, les corps allemands se mirent en marche dès le 29. L'aile droite, formée du IXᵉ corps et de la 1ʳᵉ division de cavalerie, atteignait Saint-Mihiel le 2 novembre ; tandis que le IIIᵉ corps, formant le centre, arrivait à Commercy, et que, à gauche, le Xᵉ corps se dirigeait de Metz sur Toul.

Marche de la IIᵉ armée sur la Haute-Seine.

Le 6, une colonne du IIIᵉ corps rencontrait, près de Chaumont, des troupes françaises, qu'elle rejetait, le lendemain, sur Langres. Le 9, l'avant-garde du IXᵉ corps occupait Troyes. Le prince Frédéric-Charles, en raison des instructions qu'il avait reçues antérieurement, devait continuer son mouvement vers Nevers pour prendre à revers les Français, que, vers la fin d'octobre, on supposait en avant de Bourges.

La IIᵉ armée est dirigée sur la Loire.

Le 10 novembre, le IXᵉ corps occupait Troyes, le IIIᵉ Vandœuvres, et le Xᵉ corps Chaumont.

C'est dans cette journée que le prince Frédéric-Charles apprit, par un télégramme expédié de Versailles, les résultats de la bataille de Coulmiers, et, de suite, modifiant ses premières dispositions, il dirigea à marches forcées, de Troyes sur Fontainebleau, le IXᵉ corps avec la 1ʳᵉ division de cavalerie; les IIIᵉ et Xᵉ corps devaient également se porter sur la Loire, le premier par Sens et Nemours, le deuxième par Châtillon-sur-Seine et Joigny.

Dans la journée du 14, le IXᵉ corps et la 1ʳᵉ division de cavalerie atteignaient Fontainebleau, et, le jour suivant, Milly; en même temps, le IIIᵉ corps arrivait à Sens, et le Xᵉ à Châtillon.

Cependant, la moitié de la 20ᵉ division était laissée en arrière vers Chaumont, pour couvrir les communications et donner la main au XIVᵉ corps.

Rôle de la Iʳᵉ armée sous le général Manteuffel.

Quant à la Iʳᵉ armée, son chef, le général de Manteuffel, avait reçu l'ordre de laisser entre la Moselle et la Meuse les forces nécessaires pour garder la place de Metz, faire les sièges de Thionville et de Montmédy, et de diriger tous les corps disponibles sur l'Oise.

Le VIIᵉ corps fut laissé aux environs de Metz, ainsi que la 3ᵉ division de réserve, avec la mission d'assiéger les places du Nord; mais les troupes de landwehr de cette division furent employées à l'escorte des prisonniers, et la brigade de ligne qui en faisait partie resta seule disponible pour être employée à l'intérieur de la France.

Par suite de nouveaux ordres en date du 31 octobre

la 1re division d'infanterie fut acheminée sur Mézières, pour attaquer cette place. Il ne restait donc au général de Manteuffel que le VIIIe corps et la moitié du 1er, avec la 3e division de cavalerie, pour se diriger sur l'Oise. Ces troupes ne commencèrent leur mouvement vers l'Ouest que le 7 novembre, tandis que la 1re division s'était mise en marche sur Rethel dès le 2 du même mois. En outre, le général de Manteuffel avait été chargé d'activer le siège de Verdun; mais, avant qu'il ait eu besoin d'y employer les forces dont il disposait, cette place capitulait.

Depuis la fin du mois d'août, Verdun resta surveillée seulement par de la cavalerie jusqu'au 7 septembre, époque à laquelle les Allemands y dirigèrent 2 bataillons, 1 régiment de hussards et 1 batterie.

Capitulation de Verdun (8 novembre)

Les fortifications étaient en assez bon état d'entretien, et armées de 140 bouches à feu; mais elles étaient dominées à faible distance par les hauteurs environnantes. La garnison s'éleva à 6,000 hommes par suite de l'entrée dans la place d'un certain nombre de prisonniers de Sedan évadés. Aussi le blocus ne devint complet qu'à partir du 23 septembre, après l'arrivée de nouveaux bataillons allemands et d'un certain nombre de bouches à feu tirées de Sedan, et pendant tout le mois de septembre aucune attaque sérieuse ne fut tentée. Le 13 octobre, les Allemands ouvraient le feu avec 52 bouches à feu; mais la place était en mesure de soutenir la lutte, et pendant 3 jours, répondant avec vigueur, elle parvint à mettre hors de combat 15 pièces de l'assiégeant en lui tuant ou blessant une soixantaine d'hommes.

A la suite de cet insuccès, les Allemands reconnurent la nécessité d'entreprendre un siège régulier. Au contraire, l'énergie des défenseurs s'en accrut, malgré les dégâts produits par le bombardement, et dans diverses sorties exécutées du 20 au 28 octobre, ils parvinrent à enclouer plusieurs pièces, et à reprendre plusieurs positions que les Allemands avaient occupées. Mais dans les premiers jours de novembre les assiégeants furent encore renforcés de quelques bataillons et d'un certain nombre de pièces prussiennes. Le parc de siège comprenait alors 102 bouches à feu.

A la vue des préparatifs de siège, le général Guérin de Waldersbach qui commandait la garnison, sollicita une suspension d'armes qui fut accordée le 5 novembre, et suivie le 8 d'une convention qui livrait la place aux Allemands.

La défense avait été assez vigoureusement conduite pendant le mois d'octobre, mais il est certain que l'état de la fortification aurait permis de la prolonger davantage. Les Allemands s'engagèrent à rendre le matériel de guerre à la conclusion de la paix.

Les forces du général de Manteuffel ne furent donc pas nécessaires devant Verdun.

La Ire armée se porte sur l'Oise. Le gros de la 1re armée occupait, le jour de la capitulation, les environs d'Étain. Elle se remit en marche dans la direction de Reims. Le 11, le VIIIe corps occupait Sainte-Menehould et Vienne-le-Château ; la 3e brigade avec l'artillerie du 1er corps, Buzancy, et la 4e brigade d'infanterie, d'abord dirigée sur Pont-à-Mousson, était transportée par voie ferrée sur Soissons, avec l'ordre d'attaquer la place de La Fère ; la 3e division de cavalerie était intercalée entre le Ier et le VIIIe corps.

La 1re division continuait sur Boulzicourt, dans le but d'entreprendre le siège de Mézières.

Cette place, depuis quelque temps, était observée par des fractions de la 2e division de réserve ; à l'approche de la 1re division, ces troupes furent rappelées sur Reims pour être exclusivement employées au service des étapes.

Le 15, le VIIIe corps occupait Reims ; la partie principale du 1er corps Rethel et la 4e brigade, débarquée à Soissons, commençait l'investissement de La Fère.

Les pièces, d'abord destinées au siège de Mézières, furent distraites pour attaquer La Fère, et l'on décida que le siège de la première de ces places serait ajourné ; on se contenta de l'observer et l'on y dirigea à cet effet la brigade de ligne de la 3e division de réserve.

En conséquence, la 1re division, qui, depuis la veille, avait bloqué la place, dut rallier le gros de la 1re armée.

Ainsi, au milieu de novembre, tandis que le VIIe corps et la 3e division de réserve gardaient Metz et devaient s'emparer des places de la frontière belge, 2 corps allemands, Ier et VIIIe, avec la 3e division de cavalerie, étaient en mesure de se porter sur l'Oise.

Bientôt ils allaient trouver devant eux de nouvelles levées françaises ; mais la lutte ne devait s'engager que sur la Somme dans les derniers jours du mois de novembre.

Autour de Paris, la situation était restée à peu près stationnaire depuis la rupture des négociations qui avaient eu pour but la signature d'un armistice. Aucun

L'armée de Paris est prête à exécuter le plan de sortie.

combat de quelque importance n'avait été livré depuis la reprise du Bourget par la garde prussienne.

L'organisation de l'armée était achevée et le général Ducrot était prêt à faire un puissant effort pour rompre la ligne d'investissement.

Cependant, le gouverneur de Paris ne recevait aucune réponse au sujet du projet d'opérations qu'il avait communiqué à diverses reprises à la Délégation de Tours, et le 10 novembre il écrivait à Gambetta :

« Nous sommes sans nouvelles de Tours depuis le
« 16 octobre, et d'autant plus inquiets que l'ennemi fait
« répandre dans nos camps des nouvelles alarmantes
« sur l'état des départements.

« Il est d'un haut et puissant intérêt que vous ayez
« une armée sur la Basse-Seine vers Rouen, approvi-
« sionnée et cheminant avec précaution sur la rive
« droite; dites cela à Bourbaki (1) qui doit se porter là
« très rapidement, et, s'il ne le fait pas, envoyez-y par
« des voies rapides un gros détachement de l'armée de
« la Loire.

« Si rien de tout cela n'est possible, j'agirai seul du
« 15 au 18 courant, mais c'est périlleux. »

Au moment où le général Trochu écrivait cette lettre, la bataille de Coulmiers était déjà livrée, et il ne devait pas tarder à y en avoir de nouvelles. Mais en apprenant que l'armée de la Loire venait de remporter une vic-

---

(1) Le gouverneur de Paris croyait que le général Bourbaki avait le principal commandement en province. Ce général avait bien reçu la mission d'organiser de nouvelles forces dans le nord de la France, mais il avait bientôt demandé à résilier ses fonctions.

toire, il allait voir en même temps que ceux qui la diri-
geaient n'avaient tenu aucun compte de ses recommandations.

Et cependant quoi de plus simple, de plus sensé et de plus facilement exécutable, étant donné la situation de nos forces. Il aurait suffi d'embarquer entre Bourges et Vierzon tout le 15ᵉ corps et de le transporter par Tours et le Mans sur Rouen ; en le renforçant de troupes tirées du nord ou de l'ouest, on eût aisément réuni sur la Basse-Seine, en quelques jours, plus de 80,000 hommes avec lesquels on pouvait se porter sur Pontoise. Or on peut remarquer que les 3 divisions du 15ᵉ corps comprenaient chacune 6 régiments ; par conséquent, en réunissant à l'avance à Rouen 3 brigades et affectant respectivement chacune d'elles à une division du 15ᵉ corps au fur et à mesure de leur arrivée, on aurait formé de la sorte 3 corps d'armée à 2 divisions. Pour l'artillerie, on doit observer que le 15ᵉ corps avait déjà 18 batteries ; on aurait pu lui adjoindre l'artillerie de réserve du 16ᵉ corps qui était de 6 batteries, et avec 6 batteries tirées encore du nord ou de l'ouest, on aurait ainsi disposé de 30 batteries pour l'armée qu'il s'agissait de réunir à Rouen, c'est-à-dire de 10 batteries par corps d'armée.

Rien n'était plus facile que d'y concourir.

Les mouvements, par voie ferrée, de Bourges sur Rouen, auraient duré environ 6 jours. En les commençant le 30 octobre, l'armée eût été réunie à Rouen vers le 4 novembre, elle pouvait se mettre en mouvement vers le 6, de manière à arriver sur l'Oise du 8 au 10, c'est-à-dire au moment où le général Ducrot était prêt à sortir.

Pendant ce temps, le reste des troupes réunies entre la Loire et la Seine, dont le 16ᵉ corps eût été le principal élément, aurait eu d'abord pour principale mission de couvrir les transports par voie ferrée ; puis une fois le mouvement de Rouen sur Paris dessiné, ces troupes devaient se porter à leur tour par Chartres sur la Seine, de manière à retenir sur la rive gauche les forces allemandes qui couvraient l'investissement au sud-ouest de Paris. Pour donner plus d'importance à ce mouvement, il eût été convenable de renforcer ces troupes de 2 divisions de l'armée de l'Est qui, embarquées à Chagny, auraient débarqué en avant du Mans ; de cette façon, on aurait encore réuni sur l'Eure une cinquantaine de mille hommes qui auraient facilité le mouvement principal en retenant devant elle quelques corps ennemis et qui, en cas d'échec, auraient au moins empêché le duc de Mecklembourg de couper la retraite sur Rouen en descendant l'Eure.

On avait donc le moyen, au commencement du mois de novembre, de marcher sur Paris avec plus de 130,000 hommes cheminant par les deux rives de la Seine, et il n'y avait pas grand inconvénient à s'avancer d'abord avec deux masses séparées, car les Allemands n'avaient pas, dans cette région, 20,000 hommes à leur opposer. D'autre part, la séparation était nécessaire pour couvrir et dissimuler les mouvements par voie ferrée. On peut d'ailleurs remarquer qu'en approchant de Paris, on devenait maître des ponts de la Seine de Mantes et de Meulan, et qu'au besoin toutes les forces françaises auraient pu se réunir sur l'une ou l'autre rive avant de combattre les Allemands.

Pendant que s'exécutaient les mouvements préparatoires en province, le général Ducrot, à Paris, aurait fait une forte démonstration du côté de l'est. Il était en effet dans ses intentions, avant d'exécuter son attaque décisive sur Argenteuil, de prononcer un effort sérieux sur Bondy avec 50,000 hommes, de manière à attirer l'attention de l'ennemi de ce côté.

L'opération projetée par le général Ducrot avait donc toutes les chances de succès, mais à Tours on ne sut pas en apprécier le mérite.

On avait, il est vrai, obtenu une victoire et réoccupé Orléans, mais on était encore à 30 lieues de Paris ; il fallait de nouveaux efforts pour arriver sur la ligne d'investissement, tandis qu'une victoire obtenue sur la route de Rouen à Pontoise, concordant avec une tentative du général Ducrot, eût presque certainement et immédiatement amené le déblocus de la capitale. *Grande faute commise par la Délégation de Tours.*

Les membres de la Délégation avaient donc commis une grave faute en négligeant les propositions du gouverneur de Paris.

Cependant nous venions d'être vainqueurs, malgré les fautes commises ; mais la victoire n'avait été obtenue que grâce à une énorme supériorité numérique, non seulement sur le théâtre des opérations, mais même sur le champ de bataille, quoiqu'un corps de 30,000 hommes en ait été tenu éloigné.

Les chefs de la nouvelle armée venaient de montrer les qualités de bons divisionnaires, même, si l'on veut, de bons chefs de corps d'armée, à la condition d'avoir à suivre une voie bien tracée ; mais, malgré la victoire qu'ils venaient d'obtenir, on peut dire qu'ils venaient de prouver qu'ils n'avaient pas les qualités suffisantes pour diriger les opérations d'une grande armée. Avec les meilleures intentions, les hommes de la Délégation étaient encore bien autrement incapables que les chefs de l'armée.

Ce qui les en distinguait, c'est qu'ils ne doutaient de rien. Ne sachant pas qu'il y avait un art de la guerre, ils pensaient que, pour vaincre, il suffisait de le vouloir. Ils pouvaient aller au-devant du danger, non pas comme des hommes courageux résolus à l'affronter, mais comme des aveugles courant droit sur un précipice qu'ils n'ont pas aperçu. En somme, le Ministre de la guerre et le général en chef étaient également au-dessous des circonstances ; car, dans la situation où nous nous trouvions, il ne suffisait pas de mettre à la tête des troupes des généraux capables de les entraîner au combat. Nous ne pouvions espérer battre les Allemands qu'à la condition d'avoir, pour diriger nos armées, des chefs véritablement supérieurs par le savoir, l'intelligence et le caractère. Aussi, malgré l'heureux début des opérations que l'on venait d'entreprendre, et en raison des fautes malgré lesquelles on avait obtenu ce premier succès, il était à peu près certain que, si la conduite de la guerre restait entre les mêmes mains, on ne tirerait aucun parti des ressources qui venaient d'être créées, et qu'on allait courir au-devant de nouveaux désastres.

V

CAMP RETRANCHÉ
D'ORLÉANS

V

CAMP RETRANCHÉ D'ORLÉANS

La victoire que venait de remporter l'armée de la Loire à Coulmiers avait étonné nos adversaires, qui étaient bien loin de croire que, quinze jours après la capitulation de Metz, et deux mois et demi après celle de Sedan, nous pourrions être en mesure de mettre sur pied une armée capable de les tenir en échec. Ils avaient pu se dire que les 200,000 hommes qui bloquaient Metz devenant disponibles, le terme de leurs efforts approchait, et qu'ils n'avaient plus qu'à attendre que la famine vint mettre à leur merci nos dernières ressources renfermées dans la capitale. La nouvelle de la défaite des Bavarois était de nature à dissiper ces illusions, et, au lieu de se féliciter d'une victoire définitive, les Allemands étaient bien obligés de reconnaître qu'il était nécessaire de recommencer une nouvelle lutte contre les armées qui surgissaient sur tous les points du territoire d'une manière si inattendue. Mais, si le succès de Coulmiers était incontestable, il était loin d'être décisif. C'était une étape sur le chemin de Paris ; mais réussirait-on à rompre la ligne d'investissement ?

Il était bien évident que ce devait être le but suprême de tous nos efforts, et, pour l'atteindre, on ne disposait

La victoire de Coulmiers n'était pas décisive.

que de quelques semaines, car on savait bien que la résistance de Paris ne pouvait être illimitée. C'était donc une détermination des plus graves que celle qu'avaient à prendre les chefs de la nouvelle armée, au lendemain de la bataille de Coulmiers ; car du parti auquel on allait s'arrêter pouvait dépendre l'issue de la campagne. Nous savons que la victoire des Français devait être sans lendemain, et que, bientôt, les nouvelles armées de la France devaient être battues autour de Paris, comme les premières l'avaient été près de la frontière. Mais il ne suffit pas de connaître comment nous avons été conduits à ces nouveaux désastres ; il faut en rechercher les causes, et se demander si, vraiment, la supériorité des Allemands était telle que l'issue des opérations dût forcément tourner en leur faveur, ou bien au contraire, si ces désastres n'étaient pas évitables, et alors sur qui doit en retomber la responsabilité.

L'importance de la détermination que l'on avait à prendre au lendemain de la victoire ne devait échapper à personne.

Conférence de Villeneuve-d'Ingré (12 novembre).

Aussi, trois jours après la bataille, le général en chef, le général Borel, le général Martin des Pallières, Gambetta et M. de Freycinet se réunirent au quartier général de Villeneuve-d'Ingré, pour décider de la manière dont il convenait de continuer les opérations. Le préfet du Loiret, M. Pereira, et son secrétaire, M. Gustave Baguenault, assistaient également à la conférence.

Il était bien clair pour tout le monde que le but final devait être le déblocus de la capitale ; mais la question était de savoir s'il fallait y marcher de suite, ou bien s'il ne convenait pas mieux de commencer par achever l'organisation de l'armée, qui était bien imparfaite, et d'attendre, pour frapper un coup décisif, qu'elle eût pris le développement que l'on pouvait atteindre en raison des derniers préparatifs que l'on faisait sur tous les points du territoire. D'après le général d'Aurelle, et aussi d'après M. Baguenault, personne ne fut d'avis de marcher résolument en avant, sauf le préfet du Loiret, qui, du reste, en émettant son opinion, déclinait toute compétence militaire. Le général d'Aurelle, notamment, fut d'avis qu'une marche sur Paris était, pour le moment, impossible. Il appuya son opinion de plusieurs raisons. D'abord, l'organisation de l'armée était trop imparfaite ; ensuite, on allait être arrêté dès les premiers jours par des forces considérables détachées de la ligne d'investissement ; enfin, avant peu de temps, on allait avoir sur le flanc droit l'armée que le prince Frédéric-Charles amenait de Metz. Prise entre tous ces corps, l'armée de la Loire n'échapperait pas à un désastre. Pour l'éviter, il fallait, au lieu de prendre l'offensive, se résoudre, pour quelque temps, à se défendre, et, à cet effet, s'établir autour d'Orléans dans un camp retranché, y attendre de nouvelles forces, se mettre en mesure de recevoir le choc de l'ennemi qui s'avançait de Metz, et ce ne serait qu'après l'avoir repoussé que l'on tenterait de dégager la capitale ; telles furent les idées exposées par le général d'Aurelle au conseil de guerre de Villeneuve-d'Ingré, et auxquelles se rallièrent tous les assistants, y compris Gambetta. Le général d'Aurelle de Paladines fut nommé au commandement en chef de l'armée de la Loire, et le général Martin des Pallières le remplaça à la tête du 15ᵉ corps.

On établit l'armée de la Loire en avant d'Orléans.

Dès le lendemain de la conférence, des ordres furent donnés pour organiser aussi fortement que possible les positions que l'on devait occuper autour d'Orléans, et pour porter l'armée de la Loire à près de 200,000 hommes. On activa la formation de deux nouveaux corps, qui s'organisaient à Blois et à Nevers, et qui devaient prendre les numéros 17 et 18; de plus, comprenant que c'était entre Paris et Orléans qu'allait se livrer la bataille décisive, on appela sur la Loire la meilleure partie de l'armée de l'Est, qui dut former le 20e corps.

Quant aux 15e et 16e corps qui avaient combattu à Coulmiers, ils avaient été établis, dès le 11, en avant d'Orléans, depuis Chevilly jusqu'à Saint-Péravy.

La principale ligne de défense que l'on s'occupa d'organiser, commençait à Chevilly et passait par Gidy, Ormes et le bout de Coutes, pour aller aboutir à la Chapelle-Saint-Mesmin, près de la Loire, à 4 kilomètres en aval d'Orléans. Des batteries furent construites à Chevilly, Gidy, Ormes, et armées de pièces de marine; d'autres sur une seconde ligne qui, intérieure à la première, embrassait la ville et les faubourgs. Mais il était entendu qu'avant de se retirer sur ces positions fortifiées, on devait d'abord offrir à l'ennemi une vigoureuse résistance sur une ligne d'avant-postes passant par Provenchère, Huêtre, Coinces, Saint-Péravy, Saint-Sigismond et Coulmiers.

Afin de pouvoir remplir ce rôle, l'armée, aux ordres du général d'Aurelle, dut s'établir à partir du 16 novembre sur les positions suivantes :

Au 15e corps : la cavalerie à droite de Saint-Lyé; la 1re division de Saint-Lyé à Chevilly, ayant ses avant-postes de Neuville-aux-Bois à Artenay ; la 2ᵉ division, de Chevilly à Gidy, avec Provenchère et Huêtre pour avant-postes.

La 3ᵉ division de Gidy à Boulay, avec avant-postes à Bricy.

La réserve d'artillerie à Clos-Aubry.

Au 16ᵉ corps : la 1ʳᵉ division autour de Saint-Péravy, avec avant-postes à L'Encornes, Rouvray, Patay et Péronville.

La 2ᵉ division à Gémigny, Coulmiers et Bucy-Saint-Liphard ; la 3ᵉ division, en arrière, aux Barres ; la réserve d'artillerie à Pezelle et Haute-Épine ; la cavalerie à Coulimelle et Tournoisis.

Quelques troupes n'occupèrent leurs emplacements qu'un peu plus tard, et notamment la 3ᵉ division du 16ᵉ corps ; cette division devait comprendre les troupes qui, sous les ordres du général Maurandy, avaient suivi le général Martin des Pallières sur Gien. Le 12 novembre elles étaient encore sur ce dernier point, et n'arrivèrent à Orléans que le 17 ; la division y fut complétée et dirigée sur les Barres.

Les 2 corps, 15ᵉ et 16ᵉ, comprenant chacun 3 divisions d'infanterie et 1 division de cavalerie, se trouvaient ainsi bien groupés entre Chevilly et Saint-Péravy, la droite appuyée à la forêt d'Orléans, la gauche à la Conie, petite rivière qui se jette dans le Loir au-dessus de Châteaudun, et dont le lit marécageux présente une excellente ligne de défense.

Chacun des 2 corps d'armée était éclairé sur son aile extérieure par sa division de cavalerie et aussi par deux groupes de francs-tireurs qui furent établis à droite sous les ordres de Cathelineau à Loury et Chilleurs-aux-Bois pour surveiller la direction de Pithiviers ; à gauche, sous les ordres du colonel Lipowski, à Sougy, Patay et Péronville, pour observer celle de Chartres.

Au moment où furent définitivement arrêtées ces dispositions, la formation du 17e corps en avant de Blois était déjà passablement avancée, et, dès le 13, M. de Freycinet avait fait savoir au général d'Aurelle que ce corps, qui était commandé par le général Durrieu, serait mis bientôt sous ses ordres.

Le général en chef proposa de l'établir, dès qu'il serait prêt, entre Marchenoir et Ouzouer-le-Marché, avec une brigade de cavalerie à l'extrémité de la forêt, à Ecoman, pour surveiller la direction de Châteaudun.

Les journées qui suivirent la victoire de Coulmiers furent donc employées à compléter l'organisation de l'armée et à installer les corps 15 et 16 sur les positions défensives que l'on avait choisies en avant d'Orléans. Les idées du général d'Aurelle de Paladines étaient formellement arrêtées. Il voulait recevoir sur ces positions l'attaque des Allemands ; il espérait la repousser, et ce ne devait être qu'après une première victoire qu'il essaierait de s'avancer pour dégager Paris.

D'ailleurs, il était dans les vues du général en chef, aussi bien que dans celles de la Délégation, de ne pas rester complètement inactif dans ces positions, et, dès le lendemain de la conférence, le 13 novembre, M. de Freycinet écrivait au général d'Aurelle de ne négliger aucune occasion d'attaquer l'ennemi dans des conditions avantageuses. Il lui signalait l'arrivée de l'armée du prince Frédéric-Charles par petites fractions et lui recommandait d'attaquer ces colonnes en se jetant sur leurs flancs vers Pithiviers et Beaune-la-Rolande. Néanmoins ces prescriptions n'avaient pas, pour le moment, d'autre portée ; il ne s'agissait pas d'entreprendre d'opération de longue haleine, mais seulement de rayonner autour d'Orléans, sans s'enlever les moyens de se retirer sur les positions que l'on était en train de fortifier.

Cependant on ne négligeait pas, à la Délégation, d'entrer autant que possible en relation avec le Gouvernement de Paris. On avait reçu, dans le courant d'octobre et dans les premiers jours de novembre, des dépêches qui faisaient connaître l'état d'avancement des forces organisées dans la capitale, ainsi que les projets de sortie du général Ducrot ; mais on n'avait cru devoir y attacher aucune importance. On avait marché sur Orléans sans s'en préoccuper.

Communications avec Paris.

On rendit compte au Gouvernement de Paris de la victoire de Coulmiers, et peu de temps après on lui manda qu'on comptait sur son énergique action pour combiner les efforts des deux armées. Mais loin de se proposer de faire concorder les opérations de l'armée de la Loire avec celles que le général Ducrot avait projetées, on aurait voulu que ce fût lui qui fît tous ses efforts pour venir au-devant de l'armée de la Loire.

En attendant on voulait être prêt à se mettre en mouvement au premier signal. Tandis que le général d'Aurelle ne songeait qu'à s'établir solidement en avant d'Orléans, on pensait à la Délégation que cette situation ne devait être qu'essentiellement provisoire, et le 19 novembre, M. de Freycinet lui écrivait pour lui demander un plan d'opérations conduisant sur Paris. Le général en chef fit observer que pour prendre une décision à ce sujet, il lui serait utile de connaître les intentions du gouverneur de Paris. C'est qu'en effet toute la correspondance entre Paris et la Délégation s'était faite en dehors du général en chef. Non seulement on ne lui avait communiqué aucune des dépêches du gouverneur, mais de plus, quand il réclama quelques renseignements à ce sujet, on lui répondit qu'il n'en avait pas besoin pour établir le plan qu'on lui demandait.

Dès lors le général en chef ne voyant aucune raison de se porter de suite en avant, ne fit aucune étude ayant pour objet de dégager Paris. Il restait décidé à recevoir la bataille en avant d'Orléans.

Le duc de Mecklembourg se porte sur Chartres.

Pendant ce temps, les Allemands opéraient tout à leur aise, se remettaient de leur défaite et prenaient toutes les mesures pour la réparer.

Le soir même de la bataille, et pendant la nuit suivante, les Bavarois et la 2ᵉ division de cavalerie s'étaient mis en retraite sur Artenay et, continuant leur mouvement le 10, ils étaient arrivés dans cette journée à Toury; là, ils furent rejoints par la 22ᵉ division et par la 4ᵉ division de cavalerie qui arrivèrent le jour même à Janville et à Allaines. En même temps, la 17ᵉ division venant de Paris était dirigée sur Angerville où elle devait avoir son avant-garde le 11. Toutes les troupes aux ordres du duc de Mecklembourg, sauf les 5ᵉ et 6ᵉ divisions de cavalerie qui furent laissées à Chartres et à Houdan se trouvaient ainsi réunies sur la route d'Orléans à Paris, s'attendant à voir arriver l'armée française et se disposant à lui livrer bataille. Mais dans les journées du 11 et du 12, on ne reconnut aucun mouvement sur la route d'Orléans; le 12 on put même constater que Patay n'était pas encore occupé, tandis qu'on apprit que des troupes françaises avaient repris Châteaudun et se montraient à Bonneval sur le Loir, et que d'autres semblaient assez nombreuses sur l'Eure. Il y avait en effet, de ce côté, divers rassemblements qui, sous les ordres du général Fiéreck, s'étaient reportés en avant, à la suite du départ de la 22ᵉ division ; leur droite avait occupé Châteaudun. D'après ces renseignements, le duc de Mecklembourg crut que l'armée de la Loire s'était dérobée et qu'elle s'était portée sur Chartres dans le but de gagner Paris en débordant sa droite, et, en conséquence, il mit ses troupes en marche sur Chartres.

Le 13 novembre, la 17ᵉ division se trouva à Auneau ; la 22ᵉ à Allones, les Bavarois à Ymonville et la 4ᵉ division de cavalerie à Voves, la 2ᵉ seule restait à Toury. En même temps, le grand état-major partageant les craintes du duc de Mecklembourg, détacha de la ligne d'investissement 5 bataillons de landwehr de la garde avec une batterie pour soutenir la 5ᵉ division de cavalerie qui opérait vis-à-vis de Dreux. Malgré le départ de ce détachement pour l'Eure, suivant de près celui de la 17ᵉ division, le blocus de Paris ne devint pas moins rigoureux, grâce à l'arrivée du IIᵉ corps d'armée venant de Metz. La 4ᵉ division avait commencé son mouvement par voie ferrée la veille de la capitulation. Ayant débarqué à Nanteuil, elle fut dirigée sur Lonjumeau, en arrière du secteur sud de la ligne d'investissement, dans les premiers jours de novembre. La 3ᵉ division, venant après elle, reçut l'ordre de s'établir entre Seine et Marne pour y remplacer la 17ᵉ division à la gauche des Wurtembergeois.

Le duc de Mecklembourg avec le 1ᵉʳ corps bavarois, les 22ᵉ et 17ᵉ divisions et 4 divisions de cavalerie (2, 4,

5, 6), disposait donc de près de 50,000 hommes pour s'opposer aux progrès de l'armée de la Loire ; mais il était mal renseigné sur les intentions de cette armée. A peine avait-il commencé son mouvement dans la direction de Chartres, qu'il apprit que la forêt d'Orléans était occupée par les Français ; dès lors, il laissa la 22ᵉ division seule continuer sur Chartres, et arrêta, pendant la journée du 14, les autres fractions de son armée sur les positions qu'elles occupaient. En somme, les Allemands restaient complètement incertains sur les projets de leurs adversaires ; mais comme de nombreux partis français se montraient sur toute la ligne de l'Eure, que, d'autre part, la IIᵉ armée qui arrivait à marches forcées allait être bientôt en mesure de garder la route d'Orléans à Paris, on s'arrêta définitivement à l'idée de réunir le gros des forces du duc de Mecklembourg au sud-ouest de la ligne d'investissement, et, le soir du 15, la 22ᵉ division se trouvait à Chartres avec la 6ᵉ division de cavalerie, la 17ᵉ division à Rambouillet, et les Bavarois sur la route de Chartres à Ablis, tandis que les 4ᵉ et 2ᵉ divisions de cavalerie restaient à Voves et à Toury pour observer les directions de Châteaudun et d'Orléans.

Le général Chanzy voudrait se porter en avant.

Ces dernières avaient de fréquentes escarmouches avec les avant-postes français et surtout avec les francs-tireurs et les éclaireurs qui, sur le front du 16ᵉ corps, poussaient des reconnaissances avec une activité infatigable. Dans la nuit du 14 au 15, le lieutenant-colonel Lipowski, ayant été informé que le prince Albrecht, qui commandait la 4ᵉ division de cavalerie, se trouvait à Viabon avec un régiment de uhlans, forma le projet de les enlever. Il parvint en effet à les surprendre, et les mit en fuite dans le plus grand désordre. Le prince Albrecht eut à peine le temps de monter à cheval, et, en se sauvant, laissa sur sa table un ordre de mouvement qu'il avait reçu du duc de Mecklembourg. Le général Chanzy était excité par les avantages partiels que ses troupes obtenaient aux avant-postes, et, convaincu de l'importance de prendre l'offensive avant l'arrivée de l'armée de Metz, il s'efforçait de faire partager ses idées par le général en chef. Mais celui-ci ne crut pas devoir se rendre aux suggestions de son subordonné. Il croyait préférable de livrer une bataille défensive sur les positions qu'il avait choisies, et il concevait l'espoir d'y repousser tous les efforts du duc de Mecklembourg réuni au prince Frédéric-Charles.

On savait, en effet, que celui-ci approchait avec une partie de l'armée de Metz. Comme nous l'avons vu, c'est le 10 novembre qu'il avait appris, par télégramme, la nouvelle de la bataille de Coulmiers, et, de suite, il avait pris ses dispositions pour porter ses troupes dans la direction d'Orléans.

Marche de la IIe armée allemande sur la Loire.

Le 15, le IXe corps ainsi que la 1re division de cavalerie atteignirent Milly, le IIIe corps Sens, et le IXe Châtillon, sauf une brigade de la 20e division qui fut laissée en arrière vers Chaumont pour protéger les communications.

Mais, malgré toute l'activité que put y mettre le prince Frédéric-Charles, le IXe corps seul put arriver à Angerville le 17 novembre, pendant que la 1re division de cavalerie occupait Pithiviers. Quant aux deux autres corps, c'est à peine s'ils eurent leur tête de colonne sur le Loing le 18 novembre.

Le duc de Mecklembourg, qui occupait Chartres, ne pouvait donc recevoir aucun secours de la IIe armée avant le 18 ou le 19, et encore, jusqu'au 22, il ne pouvait être appuyé que par un seul corps de cette armée.

Il est vrai que, par suite de l'arrivée du IIe corps sous Paris, les Allemands auraient encore pu disposer d'une bonne division pour le soutenir ; mais, outre que ce n'eût pas été un renfort bien considérable, il aurait bien pu arriver trop tard si, de notre côté, on eût essayé de prendre l'offensive, en tombant avec toute l'armée de la Loire sur les corps ennemis mal concentrés.

C'est ce que le général Chanzy avait bien compris, et c'est pour cela qu'il aurait tant désiré voir l'armée de la Loire sortir de ses positions et attaquer le duc de Mecklembourg, et il est profondément regrettable qu'il n'ait pas réussi à convaincre le général en chef.

<small>On devait marcher sur Paris après Coulmiers.</small> Il suffit, en effet, de se rendre compte de l'ensemble de la situation pour apercevoir avec évidence qu'il n'était pas possible de s'arrêter à une résolution plus déplorable que celle dont le général d'Aurelle ne voulait pas se départir. On allait ainsi permettre à l'armée de Metz d'entrer en ligne, tandis qu'au contraire on aurait dû s'efforcer de poursuivre le succès que l'on venait d'obtenir, avant que cette armée pût mettre son poids dans la balance des forces en présence. Sans doute, les objections du général d'Aurelle n'étaient pas sans valeur, cependant il n'était pas impossible d'y répondre. D'abord, après quelques jours de repos, il allait en réalité disposer de plus de 100,000 hommes

suffisamment organisés et surexcités par une première victoire.

On pouvait dire, en outre, que si les Allemands détachaient de la ligne d'investissement des forces considérables, l'armée de Paris pourrait sans doute parvenir à forcer le blocus. On savait en effet à Tours, au siège de la Délégation, qu'à Paris comme en province des forces s'organisaient avec activité. On savait que vers le milieu de novembre, le général Ducrot devait être prêt à tenter une sortie à la tête de 100,000 hommes, et, ce qui était mieux encore, on savait dans quelle direction il devait effectuer cette opération. Comme nous l'avons déjà dit, on était même renseigné à ce sujet avant la bataille de Coulmiers ; le général Ducrot avait demandé que l'armée fût concentrée à Rouen, on n'avait pas tenu compte de son invitation, on avait marché sur Orléans ; mais, après avoir réoccupé cette ville, il était encore possible de combiner ses efforts avec ceux de l'armée de Paris. Ce qui est inexplicable, c'est que le gouvernement de Tours, non seulement n'ait pas eu l'idée de communiquer au général d'Aurelle les projets du gouverneur de Paris, mais que, quand le commandant en chef de l'armée de la Loire demanda des renseignements à ce sujet, on ait refusé de les lui donner. On peut donc dire que la Délégation seule possédait toutes les données du problème qu'il s'agissait de résoudre et que le général en chef n'en connaissait qu'une partie.

Cet état de choses allège sensiblement la responsabilité du général en chef, en augmentant la part qui revient à la Délégation.

<small>Responsabilité de la Délégation de Tours.</small>

Nous pensons cependant que le général d'Aurelle ne saurait être complètement disculpé, car, à notre avis, même avec ce qu'il savait, il devait se garder d'immobiliser ses forces autour d'Orléans. Pour porter un jugement équitable sur les hommes qui ont conduit ces événements, il faut donc se poser deux questions distinctes : que devait faire la Délégation, étant donnés les renseignements qu'elle avait ? que devait faire le général d'Aurelle avec ce qu'il savait de la situation ? Pour répondre à la première question, nous commencerons par dire que la première chose que devait faire la Délégation, c'était de communiquer au général en chef les renseignements que l'on avait sur les préparatifs de l'armée de Paris. Or, il est à peu près certain que si, le lendemain de Coulmiers, on eût dit au général d'Aurelle : nous savons que le général Ducrot est prêt à sortir avec 100,000 hommes, et nous savons aussi que c'est par la Basse-Seine qu'il a tout préparé pendant un mois pour attaquer la ligne d'investissement, il est à peu près certain, disons-nous, qu'en présence d'une telle situation, le général d'Aurelle, lui-même, aurait mis de côté toutes ses objections, que tout au plus il aurait demandé quelques jours pour préparer ses troupes et étudier les mouvements à entreprendre, et qu'ensuite il se serait appliqué à combiner ses efforts avec ceux du général Ducrot.

Or, il y avait deux façons d'agir pour atteindre ce résultat : la première consistait à exécuter à la lettre les prescriptions du général Ducrot et à transporter par voie ferrée l'armée de la Loire sur Rouen. C'était peut-être ce qu'il y avait de mieux à faire trois semaines plus tôt; mais après avoir réuni l'armée autour d'Orléans, il était difficile de la ramener sur Rouen par voie ferrée. La seconde consistait à se rapprocher de la Basse-Seine, en marchant par Chartres; on y eût rencontré sans doute des forces ennemies, mais on était en mesure de livrer bataille et d'obtenir un nouveau succès. Ensuite, on se portait sur Paris, en appuyant la gauche à la Seine. De cette façon, on n'appliquait pas à la lettre les prescriptions du général Ducrot, mais on en respectait l'esprit. La jonction des deux armées françaises se serait toujours faite par l'ouest de Paris, et elles se seraient trouvées réunies dans une excellente situation, entre Versailles et Rambouillet, ayant leurs communications sur la Normandie et la Bretagne. L'armée de la Loire pouvait aussi être conduite à s'emparer des ponts de la Seine de Mantes et de Meulan, de manière à être en mesure de passer sur la rive droite. Or on pouvait être amené à prendre ce parti, non seulement pour se joindre plus directement aux troupes sortant de Paris dans la direction de Pontoise, mais encore pour se dérober au prince Frédéric-Charles qui, en présence de notre mouvement sur la Basse-Seine, n'eût pas manqué de diriger également ses forces de ce côté. On se trouvait alors, après la jonction avec Ducrot, avec plus de 200,000 hommes sur la rive droite de la Seine, ayant ses communications bien assurées avec Rouen et le Havre.

Telle était l'opération à laquelle on devait être amené, en partant des renseignements que possédait la Délégation.

Examinons maintenant ce que le général d'Aurelle pouvait être conduit à faire. Nous écartons l'idée de

Responsabilité du général en chef.

rester à Orléans, qui permettait aux Allemands de se concentrer sans difficultés et nous faisait perdre l'avantage que l'on pouvait tirer de l'éloignement de l'armée de Metz. Il fallait donc marcher sur Paris. On pouvait songer à prendre la route directe par Artenay et Étampes, mais, en commençant à la suivre, si l'on avait appris que le duc de Mecklembourg se trouvait vers Chartres, il fallait courir à sa rencontre, car on ne pouvait pas laisser un ennemi sur chaque flanc. Or c'est justement ce qui serait arrivé; par conséquent, dans l'hypothèse que nous supposons, on était conduit comme dans la précédente vers Paris par Chartres. On livrait bataille avec de grandes chances de la gagner, et l'on était toujours à même d'arriver à Paris par l'ouest, en s'appuyant à la Seine. Il ne faut pas conclure de ces considérations que la faute du général d'Aurelle ait été la même que celle de la Délégation. Avec ce qu'il savait, il pouvait être conduit à prendre le parti que nous venons d'indiquer, mais il n'était pas absolument évident que ce fût le meilleur; tandis qu'avec les renseignements qu'avait la Délégation, il n'y avait pas d'hésitation possible; non seulement ce parti était le meilleur, mais c'était le seul praticable. Pour en être convaincu, il suffisait d'avoir du bon sens, de mettre de côté des prétentions que rien ne pouvait justifier et de se dire que la première condition à remplir pour pouvoir espérer le succès, c'était d'assurer l'entente entre l'armée de la Loire et celle de Paris.

Or le général d'Aurelle n'avait pas d'aussi bonnes raisons pour pouvoir se décider, puisqu'il ne savait rien de ce qui se passait à Paris et qu'on lui avait caché les renseignements si importants que l'on avait à ce sujet ; aussi est-il excusable, dans une certaine mesure, d'avoir pris le parti d'attendre les événements et de ne rien faire qui fût capable de compromettre l'armée, qui était son œuvre et qu'il avait mis tant de soin à organiser.

Pour qu'il en fût autrement, il aurait fallu qu'il fût bien convaincu que rien n'est pire pour une armée que l'immobilité ; que si l'organisation de celle qu'il commandait était imparfaite, cette armée venait cependant de faire ses preuves ; que l'ennemi avait été surpris par le succès que l'on venait d'obtenir ; que, sans doute, il n'était pas en mesure de réparer immédiatement l'échec qu'il avait subi ; qu'en lui laissant le temps de réfléchir et de prendre ses dispositions, il trouverait au contraire le moyen d'y remédier ; qu'on avait donc des chances de trouver ses corps dispersés et que peut-être on pourrait s'ouvrir le chemin de Paris en les battant l'un après l'autre. Il aurait fallu, pour s'exprimer autrement, que le chef de l'armée de la Loire possédât la sagacité et la trempe de caractère qui sont réservées aux hommes de guerre tout à fait supérieurs.

Or ces qualités, il n'y avait à l'armée de la Loire qu'un seul homme qui les possédât, c'était le général Chanzy. Pour lui, il n'avait pas besoin d'être renseigné sur ce qui se passait à Paris, pour savoir ce qu'il fallait faire ; sans avoir jamais commandé d'armée, ses études et ses réflexions personnelles lui avaient appris que *faire la guerre, c'est attaquer*. Aussi, du premier coup, pensa-t-il sans hésiter, qu'au lendemain de Coulmiers il n'y avait qu'un parti raisonnable à prendre, celui de s'ouvrir le chemin de Paris en combattant les troupes que l'on pouvait rencontrer sur la route.

Le général Chanzy seul voyait ce qu'il fallait faire.

En réalité, toutes les objections soulevées par le général d'Aurelle n'avaient que peu de valeur, pas plus celles qui reposaient sur l'approche du prince Frédéric-Charles, que celles qui tenaient à l'état de l'armée française. Sans doute, en se portant contre le duc de Mecklembourg, on s'exposait à voir Orléans réoccupé par l'ennemi, mais c'était là un bien petit inconvénient ; le véritable avantage de la bataille de Coulmiers consistait non pas à avoir repris Orléans, mais à avoir battu l'ennemi, et, afin d'être en mesure de le battre une seconde fois, on devait être prêt à évacuer Orléans, si c'était nécessaire. On était toujours dans ces idées, d'après lesquelles le sort de la guerre dépend de l'occupation de certaines positions. C'était ainsi qu'avaient raisonné Benedeck à Sadowa, Bazaine à Metz, et c'est d'après ces mêmes principes qu'opérait le général d'Aurelle.

La position d'Orléans n'avait par elle-même aucune importance ; on pouvait s'en éloigner sans inconvénient, à la condition de préparer un changement de ligne d'opérations. Or, rien n'était plus facile, pendant qu'on marchait sur Chartres, que de prendre sa ligne par Vendôme, et après la victoire, si on l'obtenait, de prendre encore une nouvelle ligne sur le Mans, de manière à soustraire cette ligne d'opération variable aux entreprises du prince Frédéric-Charles, dont on redoutait l'arrivée.

Dispositions à prendre pour marcher sur Paris. Il fallait donc, après la bataille de Coulmiers, faire reposer les troupes pendant quelques jours et réorganiser l'armée d'après les bases que nous avons déjà exposées, c'est-à-dire en transformant le 15e corps en

3 corps à 2 divisions. Rien n'aurait été plus simple, que d'arriver rapidement à ce résultat. Il suffisait, pour cela, d'adjoindre à la division Martin des Pallières les troupes du général Maurandy, qui avaient opéré avec elle du côté de Gien ; à la division Martineau des Chenez 2 régiments et quelques batteries tirés des troupes en formation à Nevers ; à la division Peytavin 2 régiments et quelques batteries tirées de celles qui se formaient à Blois. Les 3 corps prenaient les n°s 15, 17 et 18, et le 16e restait provisoirement formé à deux divisions.

Pendant que la réorganisation s'achevait, on pouvait, le 12 novembre, occuper la ligne Patay-Artenay, et, le 14, se porter en avant à la recherche du duc de Mecklembourg avec les 4 corps présentant un effectif de plus de 100,000 hommes.

A la même date, on aurait encore pu tirer une division de Blois et une autre de Nevers, que l'on aurait portées sur Châteaudun, la première par voie de terre, la deuxième par voie ferrée. En même temps, on aurait dirigé le 20e corps de Chagny par Tours et le Mans sur Nogent-le-Rotrou. Ces dernières forces n'auraient pas été en mesure de participer à la lutte avant le 20 novembre ; cependant, comme il y avait lieu de se presser, il valait mieux livrer bataille sans les attendre, d'autant plus qu'avec les 4 corps que l'on pouvait former de suite en avant d'Orléans, on était en mesure d'attaquer le duc de Mecklembourg avec des forces doubles des siennes qui ne dépassaient pas beaucoup 45,000 hommes.

On avait donc toutes les chances d'obtenir du 15 au 16 novembre un nouveau succès, et après la victoire, les troupes tirées de Blois, de Nevers et de l'Est auraient rallié l'armée entre Chartres et Rambouillet et l'auraient portée à près de 150,000 hommes.

Il faut remarquer d'ailleurs que l'on pouvait encore attirer d'autres forces dans la même région pour les faire participer à l'attaque de la ligne d'investissement. Dès le commencement du mois de novembre, il y avait en effet sur la rive gauche de la Seine 8,000 hommes à Senonches, 7,000 à Dreux, 8,000 à Évreux ; sur la rive droite, une quinzaine de mille hommes en avant de Rouen avec 5 batteries, et un pareil nombre en avant d'Amiens avec 8 batteries. Il est vrai que toutes ces troupes n'étaient pas capables de tenir immédiatement la campagne, mais on pouvait y trouver de suite les éléments d'un nouveau corps d'armée à 3 divisions.

En somme, vers le 20 novembre, on pouvait marcher sur Paris avec 180,000 hommes, dont la moitié comprenait d'assez bonnes troupes et le reste passable.

Dans ces conditions on avait de grandes chances de débloquer Paris au moins pour quelques jours.

On pouvait songer à se porter dans l'Est. Mais on pouvait également songer à atteindre le même but par une opération tout à fait différente et consistant à porter des forces considérables dans l'Est, de manière à menacer les communications des Allemands. A ce moment nos ennemis n'avaient de ce côté que le XIVe corps qui, avec la 4e division de réserve, occupait Vesoul, Gray et Dijon, et le corps de siège de Belfort ; le tout formait un effectif d'environ 50,000 hommes, dont 15,000 autour de Belfort.

L'armée des Vosges battue, après s'être retirée sur Besançon, avait descendu le Doubs de manière à venir occuper Chagny. On pouvait avec ces forces former un corps de troupe d'environ 40,000 hommes de qualité passable. En y joignant le 15ᵉ corps et les troupes disponibles à Nevers, on aurait formé une armée de plus de 100,000 hommes qui, convenablement conduits, auraient eu raison de Werder, car ce dernier n'en avait pas beaucoup plus de 35,000 à leur opposer. Ce mouvement dans l'Est avait donc des avantages aussi bien que la marche immédiate sur Paris. Toutefois, on devait éviter d'exécuter ces deux opérations simultanément. La question à résoudre consistait à choisir entre les deux. Or, malgré les chances favorables que présentait une offensive dans l'Est, nous pensons que la marche immédiate sur Paris était cependant plus avantageuse.

D'abord l'armée française, la meilleure et la plus nombreuse, se trouvait déjà réunie à Orléans. Elle était surexcitée par le succès de Coulmiers, tandis que les troupes réunies à Chagny n'avaient éprouvé que des échecs. En outre, comme nous l'avons vu, on avait sous la main une proie à saisir, c'était le corps du duc de Mecklembourg qui ne pouvait pas être secouru par l'armée de Metz avant une dizaine de jours. Après l'avoir battu on pouvait donc s'avancer sur Paris et dégager la capitale. Avait-on des chances sérieuses d'obtenir le même résultat en opérant sur la Saône? Sans doute on pouvait réoccuper Dijon, communiquer avec Langres et même probablement dégager Belfort. Mais ensuite à quoi pouvait-on prétendre? Pour répondre à cette question il faut remarquer que les Allemands disposaient pour soutenir Werder, du VIIᵉ corps

La marche sur Paris était préférable.

laissé à Metz. En outre, le prince Frédéric-Charles, même en ne le supposant prévenu qu'au moment de la marche sur Dijon, pouvait revenir dans l'Est avec au moins un de ses corps qui, le 20 novembre, n'avait pas encore atteint le Loing. Notre armée se portant vers les Vosges eût donc rencontré au-devant d'elle 3 corps d'armée, sans compter les troupes que l'on aurait pu ramener de Paris ou du Nord par voie ferrée. Dans ces conditions, son offensive eût été rapidement arrêtée et peut-être sa retraite compromise.

On pouvait peut être réussir à détruire la voie ferrée de Paris à Nancy, mais il n'était pas besoin pour cela d'une armée; un détachement de quelques hommes hardis pouvait suffire à cette tâche. Le seul résultat appréciable que l'on pût atteindre était donc le déblocus de Belfort, et non pas celui de Paris.

Or Belfort n'était pas en danger, cette place n'avait aucun besoin urgent d'être secourue, l'opération pouvait donc être retardée et l'on n'aurait eu que plus de chances de réussir au moment où le gros des forces du prince Frédéric-Charles aurait été attiré à l'ouest de Paris. Les chances au contraire de la marche directe sur Paris ne devaient pas s'accroître, car l'isolement du duc de Mecklembourg ne devait pas durer; même en envoyant un de ses trois corps au secours du général Werder, le prince Frédéric-Charles disposait de ses deux autres pour concourir à couvrir le siège. D'autre part l'armée du général de Manteuffel approchait elle-même des environs de Paris; il fallait donc profiter de suite des circonstances favorables qui ne devaient pas durer; et d'ailleurs les résultats immédiats du déblocus de la capitale, quand même il n'aurait duré que quelques jours, étaient si importants qu'il fallait y tendre par tous les moyens. Peut-être n'eût-on pas pu faire entrer dans la place une grande quantité de vivres; mais en même temps on faisait sortir un bon nombre de bouches inutiles, et, ce qui primait toutes les autres considérations, on ouvrait la porte aux 100,000 hommes du général Ducrot. C'était là un résultat qui ne pouvait être mis en balance avec aucun autre. Une fois qu'il aurait été obtenu on pouvait songer à agir dans l'Est non plus avec 100,000 hommes, mais avec plus de 200,000, et alors l'opération eût obligé les Allemands à se rapprocher de leurs communications.

Nous concluons donc de cette discussion, que la marche sur l'Est et celle sur Paris présentaient l'une et l'autre des avantages; mais que ces deux opérations devaient être exécutées non pas simultanément mais successivement et qu'il fallait commencer par le mouvement sur Paris, parce que l'on avait de ce côté des chances de réussite qui ne devaient pas durer et que la sortie du général Ducrot présentait une importance capitale, tandis que la marche vers l'Est ne pouvait pas amener de résultats décisifs, sauf le déblocus de Belfort, qui n'était nullement urgent.

La marche directe sur Paris, outre qu'elle était la plus simple et la plus naturelle était donc en même temps celle qui présentait le plus d'avantages; mais le pire était de ne rien faire. C'est le parti auquel on s'arrêta. Le général d'Aurelle, en immobilisant son armée, manquait une occasion qui ne devait plus se représenter; car l'arrivée de la IIe armée allait transformer la situation à l'avantage des Allemands.

Projets du grand état-major allemand.

Comme nous l'avons dit, tandis que le duc de Mecklembourg restait indécis entre Toury et Chartres, les trois corps de la IIe armée, avec la division de cavalerie qui lui était attribuée, s'avançaient sur la Loire à marches forcées.

Le 17, le IXe corps et la 1re division de cavalerie occupaient Angerville et Pithiviers. Aussi dès le 15, le grand état-major de Versailles, croyant que bientôt les Allemands seraient en mesure de porter à la nouvelle armée française un coup décisif, prit avec précision ses dispositions générales pour les jours suivants.

D'après ces dispositions, l'armée du prince Frédéric-Charles fut chargée de couvrir l'investissement par le sud en restant d'abord sur la défensive vis-à-vis d'Orléans jusqu'à ce que cette armée fût concentrée aux environs de Pithiviers ; puis, une fois la concentration terminée, de prendre une énergique offensive, de manière à en finir avec l'armée de la Loire par une action décisive.

En même temps, la subdivision d'armée aux ordres du duc de Mecklembourg dut prendre la direction de Tours par le Mans, pour attirer sur elle une partie des forces françaises et affaiblir d'autant celles que devait avoir à combattre la IIe armée.

Le duc de Mecklembourg prend la direction du Mans.

En raison de ces instructions, pendant que le IXe corps s'établissait à Angerville, couvert par les 1re et 2e divisions de cavalerie qui occupaient Pithiviers et Toury, le duc de Mecklembourg se mit en mesure de prendre l'offensive au delà de l'Eure. Le 16 novembre la 22e division et la 6e division de cavalerie occupaient comme la veille Chartres, ayant à droite la 17e division à Nogent-le-Roi et Maintenon, en arrière, le 1ᵉʳ corps bavarois à Gallardon, et la 4ᵉ division de cavalerie à Allones.

Le 17, la 17ᵉ division marchant sur Dreux y rencontra un rassemblement de troupes françaises dont elle eut facilement raison, tandis que la 22ᵉ division gagnait Châteauneuf avec la 6ᵉ division de cavalerie, et que les Bavarois occupaient l'Eure entre Dreux et Chartres. La 4ᵉ division de cavalerie à gauche gagnait Thivars et en même temps à l'extrême droite la 5ᵉ division de cavalerie soutenue par 4 bataillons de landwehr de la garde s'avançait sur Richebourg en combattant avec succès quelques bataillons de mobiles.

Le jour suivant, le duc de Mecklembourg convaincu que les Français avaient peu de forces du côté de Dreux, n'y laissa que la 5ᵉ division de cavalerie et se mit en route dans la direction du Mans ; la 22ᵉ division s'établit à Ardelles et Châteauneuf avec la 6ᵉ division de cavalerie ; la 17ᵉ à Laons, sur la route de Brézolles ; les Bavarois derrière la 22ᵉ division et la 4ᵉ division de cavalerie à Dammarie.

Le 19, toutes les troupes restèrent au repos ; elles se remirent en mouvement le 20 pour gagner : la 17ᵉ division, Senonches ; la 22ᵉ, La Loupe ; les Bavarois, Courville et Champrond ; près d'eux la 6ᵉ division de cavalerie et la 4ᵉ sur la gauche.

Le 21, la 17ᵉ division se porta sur la Madeleine et Moutiers, la 22ᵉ sur Bretoncelle, et les Bavarois sur Marolles. Partout les colonnes allemandes rencontrèrent des troupes françaises qu'elles eurent à combattre, mais qu'elles refoulèrent sans éprouver beaucoup de résistance. Le même jour, la 6ᵉ division de cavalerie arrivait à Chassant, la 4ᵉ à Illiers.

Le jour suivant, le mouvement continua dans la direction de Nogent-le-Rotrou où l'on croyait rencontrer une résistance sérieuse, mais que l'on trouva complètement évacué.

La 17ᵉ division occupait Bellême, la 22ᵉ, Berdhuis ; les Bavarois, Nogent-le-Rotrou, ayant à la Ferté-Bernard une forte avant-garde qui en avait chassé 3 bataillons de mobiles.

Le même jour, la 6ᵉ division de cavalerie avait atteint Authon et Charbonnières, la 4ᵉ était restée à Illiers.

La IIᵉ armée allemande arrive au delà du Loing.

Pendant que ces mouvements s'effectuaient à la droite des forces allemandes, les corps de la IIᵉ armée avaient continué leur marche vers la Loire. Le 20 novembre, les deux divisions du IIIᵉ corps étaient venues occuper Pithiviers et Boynes, se reliant à la 1ʳᵉ division de cavalerie qui surveillait tous les débouchés de la forêt d'Orléans. Quelques détachements avaient été dirigés sur Beaune-la-Rolande et sur Nancray (1) ; Beaune était occupé par les gardes nationaux des communes voisines réunis à ceux de la ville. Les Prussiens ne parvinrent à les chasser qu'en employant l'artillerie ; à Nancray où ils étaient entrés, ils se trouvèrent en présence des francs-tireurs de Cathelineau, qui parvinrent à les refouler en leur faisant perdre une vingtaine de tués ou blessés. Les francs-tireurs s'étant

---

(1) On peut consulter à ce sujet le volume de M. Maurice Bois ; cet ouvrage renferme sur ces événements de nombreux détails qui paraissent puisés aux meilleurs sources.

retirés de leur côté sur Chambon, les Prussiens renforcés parvinrent à réoccuper Nancray; mais Cathelineau put se maintenir à Chambon où se trouvait une grande quantité de vivres qui y avaient été envoyés par erreur. Pour le même jour, 20 novembre, le Xe corps avait l'ordre de se trouver à Montargis; mais par suite des entreprises des nombreux partisans qui opéraient dans la région, la marche de ce corps d'armée avait été retardée, et l'avant-garde seule put atteindre Montargis, le 21 ; dans cette journée, le IIIe corps était resté sur ses positions de la veille et le IXe toujours à Angerville.

Le 22, le prince Frédéric-Charles fit exécuter à ses troupes un mouvement d'ensemble sur la droite, de manière à occuper solidement la route d'Orléans à Paris. Le IXe corps vint s'établir entre Toury et Allaines, renforçant par quelques bataillons la 2e division de cavalerie qui occupait les localités situées en avant de son front. Au IIIe corps, la 6e division venait occuper Bazoches-les-Gallerandes et la 5e s'étendait entre Boynes et Pithiviers. En même temps, le Xe corps se réunissait autour de Montargis; le lendemain, une partie de ce corps venait occuper Beaune-la-Rolande, pendant que le reste observait tous les passages du canal d'Orléans.

Ainsi, grâce à l'inaction de l'armée française, tandis que le duc de Mecklembourg explorait librement tout le pays au delà de l'Eure, douze jours après la bataille de Coulmiers, le prince Frédéric-Charles était parvenu à réunir, sans difficultés, la IIe armée allemande entre Paris et la Loire.

La Ire armée sur l'Oise.

A la même époque, les corps de la Ire armée que le général de Manteuffel avait sous ses ordres, avaient fait également de sensibles progrès dans la région située au nord de la ligne d'investissement. Le 10 novembre, ce général qui avait établi son quartier général à Reims, avait arrêté ses dispositions pour marcher sur l'Oise.

En réalité, il ne disposait à cette époque que des deux tiers de ses forces, comprenant le VIIIe corps, la 3e brigade d'infanterie et la 3e division de cavalerie, car la 4e brigade était chargée d'attaquer La Fère et la 1re division était encore devant Mézières.

Les forces disponibles se mirent en marche de manière à venir occuper le 21 novembre : la 3e brigade, Noyon, et le VIIIe corps, Compiègne; la 3e division de cavalerie pousse de son côté par Chauny jusqu'à Guiscard. Le général de Manteuffel s'était porté de sa personne à Soissons où il reçut l'ordre de prolonger son mouvement jusqu'à Rouen. Mais on lui faisait connaître en même temps qu'Amiens était occupé par une quinzaine de mille hommes; le général prussien remit donc ses troupes en marche, prescrivant au VIIIe corps d'être à Montdidier le 25; en même temps, la 1re division était amenée de Mézières sur l'Oise en utilisant la voie ferrée de Laon, et dut à la même date se trouver entre Noyon et Roye.

D'autre part, les forces que la Ire armée allemande avait laissées en arrière, étaient employées à assurer la ligne d'opération et à attaquer nos places de la frontière du Nord. Ces forces se composaient, sous les ordres du général de Zastrow, du VIIe corps d'armée et de la 3e division de réserve; l'infanterie de cette division avait compris une brigade de ligne et des bataillons de landwehr; ces derniers étant employés à escorter des prisonniers et à les garder en Allemagne, la division se trouvait réduite à la brigade de ligne, 2 régiments de cavalerie et trois batteries. Ces troupes avaient été acheminées derrière la droite de la Ire armée et furent chargées d'observer seulement la place de Mézières, en remplacement de la 1re division d'infanterie appelée sur l'Oise et la Somme.

Après la prise de Verdun, les Allemands portèrent d'abord leurs efforts sur Thionville. Depuis le commencement d'octobre la place était investie par 7 bataillons de landwehr, 5 régiments de cavalerie et 1 batterie. Le 13 novembre, ces troupes furent relevées par la 14e division, sous les ordres du général de Kamecke. Le 18, la construction des batteries de siège commençait, et le 22, 85 bouches à feu entraient en action. Ce même jour, à la tombée de la nuit, l'infanterie ouvrait la première parallèle à 600 mètres du glacis de la rive gauche; le 25, la place capitulait; 4,000 hommes et 199 bouches à feu tombaient en la possession des Allemands. La place fut occupée par deux bataillons, une batterie de place et une compagnie de pionniers; le reste de la 14e division fut dirigé sur Montmédy, avec la mission d'assiéger cette place et de surveiller Longwy. En même temps, la 13e division, avec l'artillerie de corps, était dirigée sur la haute Seine, pour servir de liaison entre la IIe armée et le XIVe corps, qui opérait autour de Dijon.

Capitulation de Thionville (25 novembre).

De ce côté, la situation ne s'était pas sensiblement modifiée depuis le milieu de novembre.

Situation dans l'Est.

Le général Werder avait toujours le gros du XIVe corps autour de Dijon, tandis que la 4e division de réserve occupait Vesoul. Il apprit bientôt que les troupes du général Crouzat, rassemblées à Chagny, avaient été emmenées par voie ferrée dans la direction de Nevers. Cependant, 30,000 hommes seulement avaient été portés sur la Loire ; la région qui avoisinait la Saône était loin d'être dégarnie, et les troupes qui l'occupaient encore se montraient très entreprenantes.

Du 20 au 22, diverses rencontres avaient lieu à **Nuits**, à **Vougeot**, à **Chambœuf**, et aussi dans la vallée de l'Ouche. Craignant une attaque sur sa droite, Werder rassembla, le 23, les 3 brigades badoises autour de Dijon, laissant aux troupes prussiennes le soin de couvrir sa position au sud, et à la 4e division de réserve, celui de le relier aux troupes de Belfort.

La nouvelle que dans la journée des troupes d'étapes avaient été surprises à Châtilllon-sur-Seine, le confirma dans l'idée que les Français devaient l'attaquer par le nord-ouest. En conséquence, il fit occuper Mirebeau par la 4e division de réserve, et porta la 3e brigade badoise sur Beire-le-Châtel. Mais cette brigade ne rencontra que des groupes isolés de Français, tandis que des forces plus sérieuses se montraient à Gevrey, Clémencey et Messigny. Le 25, la 2e brigade badoise, portée dans la vallée de l'Ouche, fut arrêtée à Velars. Les troupes françaises, qui se montraient à l'ouest de Dijon, appartenaient au corps de Garibaldi, réuni à Autun et que son chef avait projeté de porter sur Dijon par Arnay-le-Duc. Celles de Gevrey faisaient partie de la division Cremer, formée en avant de Chagny.

La rencontre de ces troupes avec les Badois amena

divers combats qui eurent pour résultat d'arrêter leurs progrès, mais sans nous permettre de les chasser de Dijon. La situation était à peu près stationnaire sur cette partie du théâtre des hostilités.

Il était difficile de mieux faire, dès qu'on avait transporté une partie des forces de l'Est sur la Loire. On avait pris à ce sujet un parti très judicieux, car il était bien certain que c'était sur la Loire qu'allait se livrer la bataille décisive. Malheureusement, après y avoir réuni des forces considérables, on ne sut en tirer aucun parti.

En laissant notre armée immobile pendant quinze jours en avant d'Orléans, on avait négligé de profiter de circonstances que l'approche des forces venant de Metz rendait de jour en jour moins favorables.

Cependant cette armée de la Loire, qui venait de débuter par une victoire, était notre suprême espoir; aussi était-elle devenue le principal objectif des Allemands.

Le 22 novembre, les trois corps de la IIe armée se trouvaient comme nous l'avons vu à Toury, Pithiviers et Montargis.

Le prince Frédéric-Charles se proposait après avoir complètement achevé la concentration de ses forces, de prendre l'offensive pour nous chasser d'Orléans. Mais pendant les derniers jours, les renseignements que l'on avait reçus à Versailles, avaient fait connaître que les troupes françaises rassemblées aux environs d'Orléans, étaient beaucoup plus nombreuses qu'on ne l'avait d'abord supposé, et notamment que la partie principale de l'armée de l'Est avait été transportée par les voies ferrées sur la Loire.

Inaction de l'armée de la Loire.

Le duc de Mecklembourg est rappelé sur la Loire.

En recevant ces renseignements, M. de Moltke, modifia les instructions qu'il avait données précédemment. Pensant que les trois corps de la IIe armée pouvaient être insuffisants pour avoir raison de l'armée française que l'on présentait comme forte de 150,000 hommes, il prescrivait au prince Frédéric-Charles d'ajourner son offensive, de manière à avoir le concours du duc de Mecklembourg, et ce dernier eut l'ordre d'arrêter sa marche sur le Mans, et de revenir sur la Loire en prenant pour point de direction Beaugency.

En attendant, la IIe armée devait achever de se concentrer en observant les directions d'Orléans et de Gien, et en couvrant la route de Paris.

Conformément à ces instructions, le duc de Mecklembourg, qui le 23 avait repris son mouvement sur le Mans, arrêta ses troupes et prit ses dispositions pour tourner à gauche à partir du lendemain de manière à les ramener sur la Loire par Vendôme et par Châteaudun.

Par suite de ces dispositions les approches du Mans allaient se trouver dégagées, mais les mouvements des jours précédents avaient suffi à attirer l'attention de la délégation de Tours où l'on s'était occupé de prendre les mesures pour s'opposer au progrès du duc de Mecklembourg.

Dispositions de la Délégation de Tours.

D'une part, Gambetta lui-même se rendit au Mans pour activer la réorganisation des troupes qui venaient d'être battues en avant de cette ville, et en former le 21e corps dont le commandement fut donné à l'amiral Jaurès.

En quelques jours 13 batteries furent dirigées sur le Mans pour constituer l'artillerie de ce corps d'armée.

En outre le 17ᵉ corps, à peu près formé en avant de Blois, et dont le commandement fut enlevé au général Durrieu pour être donné au général de Sonis, reçut l'ordre de se porter sur Châteaudun.

Enfin, tandis que par ces dispositions on espérait arrêter directement les progrès du duc de Mecklembourg, on se proposa de faire une puissante diversion par la droite.

Dès le 21 novembre, le général d'Aurelle recevait des instructions pour préparer un mouvement offensif sur Pithiviers. Plusieurs corps devaient concourir à cette opération : d'abord la 1ʳᵉ division du 15ᵉ corps qui dut se porter par Loury sur Chilleurs et de là sur Pithiviers ; ensuite le 20ᵉ corps amené par voie ferrée de Chagny sur Gien, qui devait se diriger sur Juranville et Beaune-la-Rolande ; enfin le 18ᵉ corps organisé à Nevers qui dut appuyer le 20ᵉ.

Projet d'offensive sur Pithiviers.

Ce dernier comprenait la meilleure partie de l'armée des Vosges, qui sous le général Cambriels, avait été rejetée sur Besançon à la fin d'octobre.

Souffrant d'une blessure reçue à la bataille de Sedan, le général Cambriels avait été obligé de donner sa démission et avait été remplacé par le général Michel, qui dut quitter à cet effet le commandement d'une brigade de cavalerie du 15ᵉ corps. Le général d'Aurelle avait vivement regretté à Coulmiers le départ de ce général très apte au commandement de la cavalerie et qui lui-même n'était parti qu'avec regret dans l'Est. Il en fut bientôt rappelé pour prendre le commandement de la division de cavalerie du 16ᵉ corps à la place du général Ressayre blessé à Coulmiers, et fut remplacé à la tête de l'armée de l'Est par le général Crouzat. C'est ce dernier qui se trouvait à la tête du 20ᵉ corps amené sur Gien ; ce corps d'armée comprenait 3 divisions d'infanterie, mais l'artillerie y était peu nombreuse ; chaque division n'avait que 2 batteries, et il n'y avait à la réserve qu'une batterie de mitrailleuses et 2 batteries d'obusiers de montagne. La cavalerie ne comprenait que 3 régiments. Le tout présentait un effectif d'environ 25,000 hommes, qui se trouvèrent réunis à Gien le 20 novembre ; le lendemain le corps d'armée fut porté sur les Bordes.

Quant au 18ᵉ corps, il n'était pas encore tout à fait prêt à entrer en ligne. Une division avait d'abord été dirigée sur Chagny, et fut ensuite ramenée sur Gien avec le 20ᵉ corps ; mais le gros du corps d'armée ne devait être en mesure de se porter en avant que quelques jours plus tard.

La 1ʳᵉ division du 15ᵉ corps et le 20ᵉ corps devaient donc seuls participer aux premières opérations sur Pithiviers. D'après les ordres de M. de Freycinet, le général Martin des Pallières, qui reçut le commandement supérieur, devait aller coucher le 24 novembre à Chilleurs-aux-Bois avec les troupes du 15ᵉ corps, tandis que le 20ᵉ corps se porterait sur Juranville et Beaune-la-Rolande ; les 2 corps devaient ensuite se joindre à Pithiviers.

Objections du général d'Aurelle. Tout en transmettant les ordres qu'il avait reçus du délégué du Ministre de la guerre, le général d'Aurelle écrivit à Gambetta pour lui faire observer que le mouvement offensif que l'on allait prononcer devait forcément amener une grande bataille, que les mesures n'étaient pas prises pour y faire concourir le gros de nos forces et que, d'ailleurs, les conditions seraient beaucoup moins avantageuses que sur les positions que l'on avait choisies et fortifiées en avant d'Orléans. M. de Freycinet se rendit en partie à ces observations et il fut décidé que pour le moment la 1re division du 15e corps s'avancerait seulement jusqu'à Chilleurs-aux-Bois et que le 20e corps se contenterait de prendre position à Bellegrade et à Bois-Commun, en faisant occuper Ladon et Maizières par des avant-postes.

Le général en chef donna dans ce sens des ordres aux généraux des Pallières et Crouzat. En même temps, il prescrivit de faire remplacer la 1re division du 15e corps, sur les positions de Chevilly et Saint-Lyé, par la 2e, cette dernière à Gidy par la 3e, et de porter la 3e division du 16e corps des Barres sur Boulay, pour remplir le vide qui allait exister à la gauche du 15e corps.

Ces mouvements s'exécutèrent en partie dans la journée du 24 novembre et amenèrent diverses rencontres avec les corps de la IIe armée allemande.

Le prince Frédéric-Charles, en effet, pour achever sa concentration, avait appelé sur Beaune-la-Rolande les fractions du Xe corps qui se trouvaient encore à Montargis. Le 24, la 37e brigade s'était mise en marche par Ladon et la 39e, avec l'artillerie de corps, par Pannes; l'avant-garde de la colonne de gauche en approchant de Ladon, trouva cette localité fortement occupée par les Français. C'était la tête de colonne du 20e corps que

Combats de Ladon et de Maizières. (24 novembre).

le général Crouzat, conformément aux instructions qu'il avait reçues, après avoir occupé Bellegarde et Bois-Commun, avait poussée sur Ladon et sur Maizières. Après un combat de quelques heures, les Français durent évacuer Ladon, et, à gauche, ils ne purent pas davantage s'établir à Maizières d'où ils furent chassés par la 39e brigade qui, au bruit du combat engagé sur sa gauche, s'était portée sur ce point : mais rien n'empêcha le 20e corps de conserver les positions de Bellegarde et de Bois-Commun, tandis que les deux brigades allemandes continuaient leur mouvement sur Beaune-la-Rolande.

Le même jour, le colonel de Cathelineau, en cherchant à masquer le mouvement du général des Pallières sur Loury, fut vivement attaqué à Neuville-aux-Bois par des cavaliers prussiens ; mais il les repoussa vigoureusement en leur faisant quelques prisonniers. Enfin, des troupes du IXe corps avaient occupé Arthenay, mais avaient été arrêtées en voulant continuer sur Chevilly.

Quant à la 1re division du 15e corps, elle n'avait pu, par suite du mauvais état des chemins, dépasser Loury, et ne devait atteindre Chilleurs que le lendemain.

En outre, le général des Pallières avait arrêté un convoi de vivres destiné au 20e corps et que le général Crouzat avait demandé. Enfin, il avait omis de prescrire aux 2e et 3e divisions du 15e corps d'appuyer à droite, et un grand vide se trouvait formé entre ces divisions et la 1re. On n'était donc pas en mesure de continuer de suite le mouvement offensif que M. de Freycinet avait projeté.

Cependant les divers engagements de la journée du

24 avaient permis au prince Frédéric-Charles de se rendre compte de la distribution des forces françaises. Son attention avait été attirée surtout sur la gauche par les combats de Ladon et de Maizières et, redoutant une attaque de l'armée française par Montargis, il prit ses mesures le 25 pour appuyer au besoin le Xe corps avec le reste de ses troupes. Le IIIe corps fut réuni autour de Pithiviers, la 1re division de cavalerie à Boynes, et le IXe corps aux environs de Toury.

Rien de nouveau cependant ne se passa dans cette journée pendant laquelle le général Crouzat avait seulement l'ordre de se maintenir sur ses positions en attendant l'arrivée du 18e corps, dont une partie avait déjà quitté Gien pour se porter dans la direction de Montargis. En même temps, le colonel de Cathelineau reçut l'ordre d'aller occuper la lisière de la forêt entre Courcy-aux-Loges et Chambon, pour relier le 20e corps à la 1re division du 15e.

Pendant que ces mouvements s'exécutaient à la droite des forces françaises, du côté opposé le 17e corps se heurtait à une partie des forces du duc de Mecklembourg.

Le 17e corps se porte sur Châteaudun.

Dès le milieu de novembre, les premières troupes prêtes de ce corps d'armée avaient été portées en avant de la forêt de Marchenoir à la gauche du 16e corps.

En même temps, Châteaudun avait été occupé par la droite des troupes que le général Fiéreck commandait en avant du Mans.

Quand ces troupes se replièrent devant le duc de Mecklembourg, les zouaves pontificaux, qui en faisaient partie, restèrent néanmoins à Châteaudun, et furent rattachés au 17ᵉ corps (1). Elles comptèrent à la 3ᵉ division (général Deflandre), qui, ayant achevé de s'organiser à Vendôme, arriva elle-même à Châteaudun le 22. A partir de ce moment, tout le 17ᵉ corps se trouva réuni, et le général de Sonis, qui venait d'en prendre le commandement, se mit en mesure de déboucher de Châteaudun pour aller reconnaître l'ennemi.

Le 23, il partit de bonne heure avec la 3ᵉ division, dans la direction de Brou. A ce moment, le duc de Mecklembourg était en mouvement pour se rapprocher du Loir. Les troupes sous ses ordres occupaient, le 23, les positions suivantes : la 22ᵉ division, Bellême ; la 17ᵉ, Saint-Cosme ; le Iᵉʳ corps bavarois, La Ferté-Bernard ; la 6ᵉ division de cavalerie, Champrond, et la 4ᵉ, Brou. C'est dans cette situation qu'il reçut l'ordre de changer de direction et de ramener toutes ses forces sur la Loire. En conséquence, le 24 novembre, le 1ᵉʳ corps bavarois se porta sur Vibraye, tandis que la 17ᵉ division vint le remplacer à La Ferté-Bernard, et que la 22ᵉ atteignait Nogent-le-Rotrou. En même temps, la 6ᵉ division de cavalerie gagnait Mondoubleau, et la 4ᵉ division, qui formait la gauche des forces du duc de Mecklembourg, restait à Brou.

Le 25, les Bavarois arrivèrent à Mondoubleau : la 17ᵉ division à Vibraye, et la 22ᵉ à Authon, tandis que la 6ᵉ division de cavalerie poussait jusqu'à Azay, à 8 kilomètres de Vendôme.

Combat de Yèvres. (25 novembre).

C'est ce même jour que le général de Sonis s'était mis en marche de Châteaudun dans la direction de

---

(1) Voir l'ouvrage de M. Maurice Bois, page 142.

Brou. Il rencontra les Allemands à Yèvres, où se trouvaient établis 3 régiments de cavalerie, quelques compagnies bavaroises et 8 pièces de canon, de l'autre côté de l'Ozanne, affluent du Loir. L'avant-garde française, comprenant les zouaves pontificaux et 1 bataillon de marins, fut accueillie, à 1500 mètres, par des coups de canon. Le général de Sonis mit son artillerie en batterie pour contrebattre celle des Allemands, pendant que ses fantassins prenaient leurs dispositions pour franchir la rivière. Mais les Allemands ne jugèrent pas à propos de les attendre. En présence de forces supérieures, ils évacuèrent successivement Yèvres et Brou, sans les défendre, et nos troupes occupèrent ces deux villages sans combat. Malheureusement le pays, dévasté par les Allemands, ne possédait plus de ressources en subsistances, et les convois n'avaient pas suivi les troupes. Le général de Sonis fut obligé de les ramener sur les campements qu'elles avaient quittés le matin. Elles n'y arrivèrent qu'au milieu de la nuit, épuisées de fatigue.

En apprenant l'apparition de forces françaises sur sa gauche, le duc de Mecklembourg ramena le gros de ses forces dans la direction de Châteaudun ; les Bavarois furent dirigés de Mondoubleau sur Droué et Courtalin ; la 17e division sur la Bazoche-Gouet, où elle rallia la 4e division de cavalerie, et la 22e, d'Authon sur Brou, qu'elle trouva évacué.

Le duc de Mecklembourg dirige ses forces sur le Loir.

Dans la journée du 26, le général de Sonis revenu à Châteaudun, eut avis de l'approche de forces considérables qui, d'après les renseignements qu'il reçut de gens du pays, devaient le cerner. Dans ces conditions, il ne crut pas devoir garder sa position sans danger, et, en rendant compte de cette situation au Ministre et au général d'Aurelle, il leur fit connaître qu'il allait évacuer Châteaudun et se retirer dans la direction d'Orléans. Le général en chef avait approuvé cette résolution, et de suite avait prescrit au général Chanzy de se disposer à appuyer le 17ᵉ corps. Mais à Tours la Délégation avait été effrayée par l'apparition de la cavalerie allemande sur le Loir, et le Ministre prescrivit au général de Sonis d'effectuer sa retraite sur Ecoman. La ville de Tours étant complètement dégarnie de troupes, le général d'Aurelle eut l'ordre d'y envoyer de suite par voie ferrée un régiment de mobiles.

Retraite du 17ᵉ corps sur la forêt de Marchenoir.

En raison des ordres du Ministre, le général de Sonis dut se retirer sur la forêt de Marchenoir, et, l'esprit rempli des renseignements menaçants qui lui étaient parvenus, il crut nécessaire d'exécuter une marche de nuit. Cette marche succédant pour une partie des troupes du 17ᵉ corps, à celle de la nuit précédente, les mit dans un complet désordre. Le gros du corps d'armée se trouva le 27 entre Saint-Laurent-des-Bois et Ecoman ; mais de nombreux traînards remplirent les routes et plusieurs milliers d'hommes débandés s'enfuirent jusqu'à Beaugency. Malgré l'entrain du général de Sonis, l'expédition du 17ᵉ corps au delà de Châteaudun avait produit les plus fâcheux résultats. L'intervention du Ministre au sujet de la direction de la retraite, vint encore aggraver la situation ; car par sa retraite excentrique, le 17ᵉ corps se mettait dans l'impossibilité d'être soutenu par le général Chanzy, et ce corps d'armée qui, mieux dirigé, aurait pu rendre les plus grands services, allait se trouver pour plusieurs jours, par suite du désordre et de la démoralisation des troupes autant que par son éloignement, incapable d'être utilisé au moment de la lutte décisive.

En somme, les dispositions prises par la Délégation de Tours n'avaient eu aucun bon résultat. Les corps portés sur Châtundun ou dans la direction de Beaune-la-Rolande avaient complètement échoué, et, au contraire, le soir du 27, la jonction des deux armées allemandes était à peu près faite. Aussi bien, faut-il reconnaître que ces dispositions étaient pitoyables.

Il est certain qu'en immobilisant ses troupes autour d'Orléans après la bataille de Coulmiers, le général d'Aurelle avait perdu une occasion de marcher sur Paris, qui ne devait plus se représenter ; toutefois, on doit reconnaître que, vers le 20 novembre, l'armée de la Loire avait encore beau jeu contre les Allemands par suite des mouvements excentriques du duc de Mecklembourg. En se portant au delà de l'Eure avec ses seules forces, tandis que la IIe armée était imparfaitement concentrée, il se mettait dans une situation périlleuse, et si l'armée française eût eu à sa tête un chef sagace et pénétré des vrais principes, elle pouvait obtenir un nouveau succès plus éclatant que celui de Coulmiers. Il aurait fallu pour cela, tout en observant la IIe armée avec une partie de l'armée de la Loire, courir avec le reste contre le duc de Mecklembourg.

L'armée de la Loire avait eu beau jeu contre le duc de Mecklembourg.

Or, rien n'était plus facile que de l'attaquer avec des forces très supérieures, avant que le prince Frédéric-Charles ait été en mesure de le secourir.

Les mouvements du grand-duc, au delà de l'Eure,

ayant commencé le 18, on était parfaitement renseigné à ce sujet le 20 novembre. On pouvait de suite prendre le parti de concentrer sur Châteaudun les corps 16, 17 et 18. Ce dernier eût été porté sur ce point par voie ferrée, tandis que le 17e s'y rendait par voie de terre et que le 16e venait les rejoindre en se dérobant derrière la Conie. Ces trois corps, présentant un effectif de 80,000 hommes, sous les ordres du général Chanzy, pouvaient déboucher du Loir au plus tard le 24, et attaquer le duc de Mecklembourg entre Mondoubleau, Brou et Nogent-le-Rotrou, sans compter que les forces qui se réorganisaient au Mans pouvaient concourir à cette opération. Pendant ce temps, le général d'Aurelle serait resté en avant d'Orléans avec le 15e corps renforcé du 20e pour observer les troupes du prince Frédéric-Charles. Afin de profiter de la dispersion des forces allemandes que l'armée de la Loire avait devant elle, on pouvait aussi songer à opérer d'une manière opposée à celle que nous venons d'indiquer, c'est-à-dire attaquer la IIe armée, en se contentant d'observer à gauche le duc de Mecklembourg. Mais alors il fallait prendre l'offensive avec le gros de nos forces et éviter avec soin d'en porter en même temps une partie au delà du Loir. Or il est certain qu'une concentration n'était pas plus impossible sur la droite de l'armée de la Loire que sur la gauche. Mais, même en admettant qu'on ait tenu compte de la condition essentielle de se concentrer avant de combattre, nous croyons que, du 20 au 25 novembre, l'offensive par la droite, quoique acceptable, ne présentait pas autant d'avantages qu'une attaque par la gauche. D'abord parce que l'armée du prince Frédéric-Charles comprenait la meilleure partie des troupes allemandes, et que l'on n'en aurait pas eu facilement raison, même avec des forces supérieures ; ensuite, si l'on attaquait la droite de cette armée, on risquait, en la suivant, même après un premier succès, d'être pris en flanc par le grand-duc, revenant rapidement vers l'est, et de se trouver dans une situation critique ; et, si l'on se portait sur sa gauche, on le rejetait sur le grand-duc, et au lieu d'accentuer la séparation des deux armées allemandes, on assurait leur jonction. Au contraire, en se portant d'abord du Loir sur Nogent-le-Rotrou, on avait le moyen, si l'on se dérobait, d'accabler le grand-duc et de le rejeter sur la basse Seine avant que le prince Frédéric-Charles ait eu le temps de le secourir.

Or on avait de grandes chances de dissimuler la concentration sur Châteaudun, car pour les corps 17 et 18, elle se faisait en arrière du front de l'armée, et le 16ᵉ n'aurait dû se mettre en mouvement qu'au dernier moment, en se faisant remplacer à Saint-Péravy par des troupes du 15ᵉ. On était donc dans des conditions très favorables pour attaquer le duc de Mecklembourg, que l'on aurait pris en flagrant délit de manœuvres, mal concentré, et l'on pouvait le rejeter sur la basse Seine. En outre, par les dispositions que nous avons indiquées, on donnait satisfaction aux généraux Chanzy et d'Aurelle, dont le premier voulait agir et le second rester sur ses positions ; et il est toujours avantageux de demander à un général d'exécuter ce qu'il croit bon. Toutefois, il devait être bien entendu que si le prince Frédéric-Charles essayait d'appuyer le grand-duc en marchant par sa droite, c'eût été au général

On pouvait l'attaquer avec des forces doubles des siennes.

d'Aurelle de le suivre parallèlement, d'abord en descendant la Conie, puis en remontant le Loir par la rive droite, de manière à joindre le général Chanzy, et du reste la masse des forces de la II⁰ armée était encore le 24 novembre trop en arrière pour arriver à temps sur le théâtre de la lutte ; de plus, le 20⁰ corps avant de rejoindre le 15⁰ pouvait fort bien faire une démonstration en avant de Gien, de manière à attirer l'attention des Allemands, de ce côté pendant que le 18⁰ était transporté par les voies ferrées ; mais il était essentiel d'admettre que ce ne devait être qu'une démonstration.

Nous pensons donc que, du 20 au 25 novembre, on avait toutes les chances en attaquant le duc de Mecklembourg de le battre en le rejetant sur la Basse-Seine. Si l'on obtenait un premier succès, le général Chanzy pouvait ensuite, ou bien marcher sur Paris, soit par Versailles, soit par Mantes et Pontoise, en passant sur la rive droite de la Seine, ou bien se rabattre sur la II⁰ armée en opérant sa jonction avec le général d'Aurelle.

Mais cette seconde partie des opérations que nous indiquons ne pouvait être précisée à l'avance ; il fallait d'abord attendre les résultats de la première. Quant à celle-ci, il nous semble qu'il n'y avait pas de doute sur son opportunité et qu'elle était tout à fait commandée par le mouvement excentrique du duc de Mecklembourg.

Après avoir manqué l'occasion de l'attaquer pendant sa marche de Chartres sur le Mans, on se trouvait encore dans des circonstances favorables pour prendre l'offensive au delà de Châteaudun, pendant que le duc de Mecklembourg se rapprochait de la Loire sans se lier à la II⁰ armée. Mais pour en profiter il aurait fallu ne pas porter le 17ᵉ corps seul au delà de Châteaudun. A partir du 24, on ne pouvait plus songer à le faire appuyer par le 18ᵉ qui se trouvait au delà de Gien ; mais il était toujours possible de le soutenir du 16ᵉ venant le joindre en se dérobant derrière la Conie. Or, ces deux corps réunis auraient présenté ensemble plus de 60,000 hommes qui, sous les ordres du général Chanzy, auraient pu, le 26 ou le 27, attaquer le duc de Mecklembourg imparfaitement concentré et battre successivement les Bavarois et les divisions prussiennes. Mais pour conduire une pareille opération avec toute la sécurité désirable, il aurait fallu abandonner l'idée de toute offensive à l'extrême droite et ramener les 18ᵉ et 20ᵉ corps sur Orléans pour les joindre au 15ᵉ et tenir en échec la IIᵉ armée.

Tout au contraire, M. de Freycinet songeait surtout à prendre l'offensive par la droite. Les combats livrés le 24 novembre à Ladon et à Maizières par le 20ᵉ corps n'avaient produit aucun résultat. Ils n'avaient pas empêché le Xᵉ corps prussien de se réunir à Beaune-la-Rolande et ils n'avaient été pour rien dans les mouvements prescrits par le grand état-major de Versailles au duc de Mecklembourg dans le but de lui faire abandonner la route du Mans pour le rapprocher de la Loire. Néanmoins, M. de Freycinet avait persisté dans son premier projet. *M. de Freycinet veut attaquer par la droite.*

Pendant que le 20ᵉ corps restait établi entre Bellegarde et Bois-Commun, le 18ᵉ corps fut porté au delà de Gien à la droite du 20ᵉ sur Lorris et Ladon, son extrême droite sur Montargis, qui fut occupé le 26 par une brigade.

En poussant en avant les deux corps qui formaient la droite des forces françaises réunies sur la Loire, M. de Freycinet n'avait pas seulement l'idée de faire une diversion pour dégager les provinces de l'Ouest, mais il songeait déjà à s'ouvrir du côté opposé le chemin de Paris en y marchant par Fontainebleau. A supposer que l'exécution de ce projet eût pu donner quelques bons résultats, il aurait fallu y faire concourir toutes les forces disponibles et, par suite, abandonner l'opération sur Châteaudun. La grande faute commise a consisté à vouloir attaquer des deux côtés à la fois, et c'est ainsi que l'on se trouvait dans l'impuissance de lutter nulle part avec avantage. Avant que l'offensive sur Beaune-la-Rolande ait pu être prononcée, le 17e corps était déjà hors de cause pour plusieurs jours. Il faut reconnaître néanmoins que le général de Sonis, par ses mauvaises dispositions, avait contribué à amener le désordre de son corps d'armée par les deux marches de nuit successives qu'il fit exécuter. Il pouvait éviter la première en assurant la subsistance des troupes qu'il avait portées sur Brou, et rien ne l'obligeait à la seconde, car il était temps d'évacuer Châteaudun le 27 à 5 heures du matin ; s'il n'eût pas commis ces fautes, le 17e corps, tout en se retirant, pouvait se trouver le soir du 27 en bon ordre et à proximité du 16e qui était en état de le soutenir.

Pendant ce temps, le général d'Aurelle ne voyait toujours qu'une chose : rester immobile autour d'Orléans ; mais on doit reconnaître que sa responsabilité se trouve singulièrement atténuée par l'ignorance où on le laissait sur la situation des forces en présence. C'est à peine s'il avait été averti de tous les mouvements prescrits à la gauche et à la droite de l'armée et aucune initiative ne lui avait été laissée pour les diriger.

C'est véritablement à la Délégation que sont imputables les fâcheux résultats que l'on venait d'obtenir, et c'est par suite des mouvements prescrits par le délégué du Ministre de la guerre, que nos forces se trouvaient dispersées sur un front de 60 kilomètres, tandis que l'ennemi, pour sortir de la situation périlleuse dans laquelle il se trouvait, s'efforçait de concentrer les siennes.

En effet, le jour même qui suivait la retraite du 17ᵉ corps, les Bavarois purent rentrer dans Châteaudun sans résistance. En même temps, la 17ᵉ division atteignit Saint-Maurice, près Bonneval, et la 22ᵉ division, Bonneval même, avec la 4ᵉ division de cavalerie ; tandis que la 6ᵉ division formant l'extrême droite venait occuper Courtalin, d'où elle observait le Loir dans la direction de Vendôme. Ces mouvements étaient conformes aux instructions du prince Frédéric-Charles qui, jugeant le moment venu de commencer des opérations décisives contre l'armée de la Loire, désirait se relier plus directement au duc de Mecklembourg. Le soir du 27, ce dernier n'avait plus qu'un pas à faire pour opérer sa jonction avec la IIᵉ armée, dont un corps occupait Toury, et déjà la 4ᵉ division de cavalerie avait pu entrer en communication avec des escadrons de la 2ᵉ, qui avaient été envoyés au-devant d'elle.

<small>Jonction des deux armées allemandes.</small>

En somme, pendant les 15 jours qui ont suivi la bataille de Coulmiers, du 10 au 25 novembre, l'armée de la Loire a manqué deux fois l'occasion de remporter

<small>Les Français venaient de manquer plusieurs occasions favorables.</small>

de sérieux succès sur les Allemands : d'abord, en marchant de suite sur la capitale, elle avait de grandes chances de la débloquer, et ensuite, en profitant de l'éloignement du duc de Mecklembourg vers l'Ouest, elle avait le moyen de l'attaquer avec avantage sans qu'il pût être secouru par le prince Frédéric-Charles.

Pour atteindre ce résultat, il n'aurait fallu à la tête de la nouvelle armée française qu'une tête capable de la commander. Malheureusement le général d'Aurelle, aussi bien que la Délégation de Tours, étaient également au-dessous de leur tâche.

Le général en chef, en ne voulant pas se départir de l'idée de rester dans ses positions défensives, s'était enlevé le moyen de profiter de toutes les bonnes occasions. Quant au Ministre et à son délégué, ils comprenaient bien instinctivement la nécessité de se porter en avant, mais dépourvus de toute connaissance militaire, ils avaient prescrit des mouvements décousus, et, au lieu de tirer parti de la dispersion des forces allemandes pour accabler le duc de Mecklembourg, ils n'avaient su qu'éparpiller les forces françaises, sans se douter que lorsque l'on veut s'opposer partout, on n'est fort nulle part.

On peut objecter à nos critiques, qu'il est aisé aujourd'hui d'indiquer avec précision ce qu'il fallait faire, ayant une complète connaissance de la distribution des forces allemandes; mais nous répondrons que les renseignements que l'on avait étaient suffisants pour conduire à la vraie solution.

Le 20 novembre, en effet, on savait fort bien que le duc de Mecklembourg était au delà de l'Eure, dans la direction du Mans; on savait, également, que des troupes de la II⁰ armée étaient à Pithiviers, tandis que d'autres n'avaient pas dépassé le Loing. Il était donc visible que les forces allemandes opposées à l'armée de la Loire s'étendaient de Nogent-le-Rotrou à Montargis. Or, quelque idée que l'on se fît des effectifs de l'armée allemande, il n'était pas possible d'admettre que, sur une pareille étendue, nos adversaires fussent partout en force. Il n'y avait que deux hypothèses possibles : ou bien les corps allemands formaient deux masses principales, l'une entre Nogent-le-Rotrou et Chartres, l'autre entre Beaune-la-Rolande et Pithiviers ; alors il fallait attaquer l'une d'elles en se dérobant à l'autre. Ou bien la dispersion des forces allemandes était encore plus complète ; mais alors ils étaient faibles partout, et une vigoureuse offensive, sur n'importe quel point, ne pouvait amener que de brillants succès. Dans le fait c'est la première hypothèse qui était vraie, et c'était en même temps la plus probable, car il n'y avait aucune raison de croire que les Allemands eussent adopté le système des cordons.

Partant de ces idées, il n'y avait donc qu'à bien choisir le point d'attaque, et avec un peu de logique on aurait dû facilement comprendre qu'il était sur le duc de Mecklembourg, si surtout on n'avait pas mis de côté, et de parti pris, les projets de sortie si sensés du général Ducrot par la Basse-Seine.

Quand même ces projets n'auraient pas été les meilleurs, on aurait dû les adopter, parce que avant tout on devait être convaincu que pour réussir il fallait s'entendre. Mais on avait d'autant moins d'excuse de les rejeter, que la région comprise entre la Loire et la

Avantages de la région située au sud-ouest de Paris.

Seine au sud-ouest de Paris, présentait aux opérations de l'armée française des avantages tout particuliers que l'on ne pouvait rencontrer nulle autre part. On sait qu'une armée pour soutenir un effort prolongé a besoin non seulement de combattants, mais encore de nombreux convois pour amener des vivres et des munitions. Or, il est certain que sous ce rapport l'organisation de l'armée de la Loire était bien imparfaite ; mais on pouvait suppléer à l'insuffisance de ses convois par un emploi judicieux des voies ferrées qui justement se trouvaient merveilleusement tracées au sud-ouest de Paris.

On peut remarquer en effet, que tandis que l'armée française était appelée à opérer entre Orléans, Châteaudun, Chartres, Dreux, nous disposions à 20 ou 30 lieues, de la zone de ses opérations, d'une ligne ferrée embrassante, allant de Bourges par Tours et le Mans sur Argentan ; de cette ligne se détachaient plusieurs autres voies ferrées allant de Bourges ou de Tours sur Orléans, de Tours sur Châteaudun, du Mans sur Chartres, d'Argentan sur Dreux.

Pour assurer le ravitaillement de nos forces combattantes, il suffisait donc d'organiser, sur la ligne embrassante, des *trains de vivres et de munitions* qui auraient suivi parallèlement tous les mouvements de l'armée, et qui, en utilisant les autres lignes qui s'en détachaient pour converger vers Paris, auraient toujours été en mesure de remplacer les munitions consommées dans la nuit qui suivait une bataille.

Les propriétés que nous venons de mettre en relief subsistaient encore jusqu'à Gien, car la ligne embrassante se prolongeait de Bourges sur Nevers, d'où se détache la ligne de Montargis. Mais au delà du Loing elles cessaient d'exister, la grande ligne de Dijon étant entre les mains des Allemands. Du côté opposé au contraire, on retrouvait les mêmes avantages en se dirigeant de Chartres ou de Dreux sur la Seine, car la ligne embrassante se prolongeait par Serquigny sur Rouen, et de ces deux points partent vers Paris les deux lignes ferrées qui se réunissent à Mantes.

Cette seule considération aurait dû nous amener à faire de la région située au sud-ouest de Paris le théâtre principal de la lutte. Une fois bien pénétré de ces avantages, il fallait rechercher toutes les occasions de combattre, sauf à ne pas s'engager à fond, si l'on ne pouvait le faire sans s'exposer, et dans le seul but de produire une grande consommation de munitions que l'ennemi aurait très difficilement remplacées.

On peut remarquer encore que ces dispositions de nos lignes ferrées donnaient à notre armée une grande liberté de manœuvres ; car, en se portant d'Orléans à la Seine au-dessous de Paris, elle pouvait changer plusieurs fois de ligne de communications avec la plus grande aisance.

C'est malheureusement ce que le général d'Aurelle n'a pas compris, et les chefs de la Délégation de Tours ne l'ont pas compris mieux que lui.

Et c'est ainsi qu'au lieu de profiter de toutes les occasions favorables qui se sont présentées pendant les quinze jours qui ont suivi la victoire de Coulmiers, l'armée se trouva vouée à l'impuissance, et dans un état de dispersion qui, s'il durait encore quelques jours, allait amener de nouveaux désastres.

Appréciation des mouvements des Allemands.

Mais que doit-on penser de nos adversaires qui, dans ces circonstances, nous ont donné à plusieurs reprises l'occasion de les battre ? Il n'y a aucun reproche à leur adresser au sujet des dispositions qu'ils ont prises à la suite de la bataille de Coulmiers. Les avantages de notre situation étaient la conséquence de la victoire que nous venions de remporter et de l'apparition, à proximité de Paris, d'une nouvelle armée dont les Allemands ne soupçonnaient pas l'existence. Ils ne pouvaient faire que ce qu'ils ont fait, c'est-à-dire opposer à cette armée les forces du duc de Mecklembourg, sauf à les renforcer encore de quelques détachements tirés de la ligne d'investissement. La réunion de ces forces d'abord sur la route d'Orléans à Paris, puis aux environs de Chartres, lorsqu'on crut que l'armée française s'était dérobée par la gauche, était donc conforme à la situation. Mais nous pensons qu'il en était tout autrement du mouvement du duc de Mecklembourg dans la direction du Mans.

En réalité ce mouvement tout à fait excentrique, exécuté lorsque le gros des forces du prince Frédéric-Charles n'était encore que sur le Loing, était absolument contraire aux principes. Nous ne dirons pas que les Allemands aient eu tort de l'exécuter, puisqu'il a réussi et que le vainqueur peut toujours dire, que, s'il a livré quelque avantage à son adversaire, c'est qu'il savait que celui-ci n'en profiterait pas, et il faut reconnaître que si l'on a vraiment de bonnes raisons de se déterminer, on n'encourt par le reproche d'avoir commis une faute en s'écartant des règles.

C'est ainsi que les Prussiens ont la prétention de justifier l'invasion de la Bohême en 1866, et c'est ainsi également qu'ils peuvent justifier le mouvement du duc de Mecklembourg ; la grosse question en pareille occurrence est de ne pas se tromper, et en 1866, comme sur la Loire, les événements leur ont donné raison. Cependant il est permis de se dire que, si les Autrichiens en Bohème avaient eu à leur tête un chef sagace et actif, si par exemple, l'archiduc Albert eût remplacé Benedeck, il est à peu près certain que l'armée du prince royal eût été battue avant l'arrivée du prince Frédéric-Charles, et que si sur la Loire, le général Chanzy eût eu la direction des opérations après la bataille de Coulmiers, il aurait battu le duc de Mecklembourg, soit entre Toury et Voves du 14 au 16 novembre, soit pendant son mouvement dans la direction du Mans.

Il faut remarquer en effet que ce dernier mouvement était bien autrement dangereux que ceux des armées prussiennes qui ont précédé la bataille de Sadowa.

En 1866, les deux armées du prince Frédéric-Charles et du prince royal, partant de points très éloignés avaient au moins pour but de se joindre, et grâce à l'impéritie de Benedek, chaque jour elles se rapprochaient l'une de l'autre ; lorsque le duc de Mecklembourg s'avançait de l'Eure dans la direction du Mans, loin de chercher à se réunir à la IIe armée, il lui tournait complètement le dos. Pendant 8 jours du 18 au 25, il s'est trouvé au delà de l'Eure et du Loir, mal concentré et dans l'impossibilité d'être secouru.

Si l'on veut trouver une situation analogue dans l'histoire, il faut se reporter non pas à la guerre de 1866, mais au mouvement que Blücher exécuta en 1814 de l'Aube sur la Marne à la suite de la bataille de la Rothière, et qui valut à Napoléon ses derniers triomphes de Champaubert, de Montmirail et de Vauchamps. On aurait pu en 1870 s'inspirer de ces beaux exemples et jeter le désordre dans l'armée du duc de Mecklembourg ; car si la qualité de nos troupes n'était pas supérieure à celle des Allemands comme en 1814, en revanche leur nombre était deux fois plus grand que celui des forces qu'elles auraient eu à combattre. Malheureusement il y avait encore une autre différence, c'est qu'au lieu d'avoir à leur tête un chef d'un coup d'œil supérieur et d'une expérience consommée comme Napoléon, nos corps étaient dirigés de Tours par des hommes absolument dépourvus de connaissances militaires, et l'on ne peut vraiment pas reprocher à M. de Moltke d'avoir sainement apprécié le savoir-faire de ses adversaires.

Quoi qu'il en soit, en admettant que les Allemands, dans ces deux circonstances, aient eu de bonnes raisons pour s'écarter des principes, ce qu'il importe de se dire, lorsque l'on cherche dans l'étude des événements militaires, non pas seulement la connaissance des faits, mais encore les enseignements qu'ils comportent, c'est que les exemples que nous venons de rappeler sont de ceux que l'on doit se garder d'imiter toutes les fois que l'on a devant soit un ennemi sagace, vigilant et actif. Les Allemands ont pu négliger les principes, parce qu'ils avaient devant eux des adversaires qui n'en connaissaient pas la valeur.

Malheureusement pour nous, tandis que l'ensemble de la défense était dirigé de Tours par des hommes remplis d'ardeur et de dévouement, mais complètement étrangers aux questions militaires, le chef de notre principale armée était lui-même mal pénétré des vrais principes et peu préparé au commandement d'une armée. C'est pour cela qu'il a manqué d'initiative et qu'il n'a pas compris qu'en immobilisant son armée, il lui enlevait le moyen de profiter de toutes les bonnes occasions, et l'empêchait d'utiliser toute la force qu'elle était capable de produire.

Les mouvements enveloppants exécutés avec des corps séparés réussiront toujours contre un ennemi immobile ; mais aujourd'hui comme au temps de Napoléon, ils doivent échouer contre un adversaire qui veut et qui sait manœuvrer.

Pour bien apprécier les dispositions du grand état-major allemand pendant cette période, il importe de se faire une idée exacte de la vraie signification des principes de l'art de la guerre. Ces principes sont vrais en ce sens qu'en les négligeant on s'expose à un échec, mais leur violation n'entraine les conséquences qu'elle comporte qu'à la condition que l'adversaire sache en profiter. Et, pour employer le langage des géomètres, je dirai que la faute que l'on commet en s'en écartant a pour mesure la probabilité qu'il y a que l'adversaire tire parti des avantages qu'on lui livre ; lorsque cette probabilité est à peu près nulle, on peut dire qu'il en est de même de la faute commise. Or les Allemands, sachant que les armées françaises étaient dirigées par des hommes inexpérimentés dans l'art de la guerre, étaient en droit de penser que la probabilité de les voir profiter des occasions favorables était à peu près nulle. Dans ces conditions tout était permis. Nos adversaires ont pu recommencer un mouvement semblable à celui

Vraie valeur des principes de l'art de la guerre.

de Blücher en 1814 en se disant qu'ils ne couraient aucun danger; et, tout en constatant qu'ils se sont écartés des règles, on peut fort bien admettre qu'ils ne commettaient pas réellement une faute.

VI
NOUVEAU PLAN
DE SORTIE

VI

NOUVEAU PLAN DE SORTIE

La nouvelle de la victoire de Coulmiers parvint officiellement à Paris le 14 octobre; déjà, un Français traversant les lignes ennemies, avait atteint nos avant-postes de Créteil et annoncé que depuis quelques jours les Allemands paraissaient fort inquiets en parlant de ce qui se passait du côté d'Orléans. Ces renseignements, quoique peu précis, avaient attiré l'attention du gouvernement, lorsque le 14 arriva une dépêche de Gambetta expédiée d'Orléans le 11. Elle faisait connaître simplement l'occupation d'Orléans par l'armée de la Loire, à la suite d'une victoire gagnée le 9 par le général d'Aurelle. Immédiatement, quelques membres du gouvernement de Paris exprimèrent l'avis qu'il fallait marcher sans perdre de temps au-devant de l'armée de la Loire et déjà ils indiquaient la forêt de Fontainebleau comme le point où devaient se réunir les deux armées partant, l'une de Paris, l'autre d'Orléans.

On apprend la victoire de Coulmiers à Paris. (14 novembre).

Le général Ducrot, au contraire, persistait dans son projet de sortie par la Basse-Seine. On n'avait encore pris aucun parti lorsque, le 18, arriva une seconde dépêche qui avait été expédiée le 13 de Tours.

Par cette nouvelle dépêche, Gambetta, après avoir confirmé la victoire de Coulmiers et l'occupation d'Orléans, faisait connaître que des forces allemandes considérables se trouvaient réunies entre la Loire et la capitale et demandait le concours de l'armée de Paris. Toutefois, s'il réclamait une sortie, il acceptait l'idée de l'exécuter du côté de la Normandie aussi bien et même mieux que dans la direction du sud.

Ce n'est que par des dépêches postérieures que le gouverneur fut sommé de marcher directement au-devant de l'armée de la Loire.

<small>Abandon du plan de sortie par la Basse-Seine.</small>

Mais on n'attendit pas ces dernières dépêches pour abandonner le projet de sortie que l'on avait si soigneusement préparé depuis plus d'un mois, et, le jour même de l'arrivée de la seconde dépêche, le 18 novembre, le gouverneur, sous la pression des autres membres du Gouvernement, eux-mêmes poussés par l'opinion publique, abandonna le plan de sortie par la Basse-Seine et prit le parti de marcher au-devant de l'armée de la Loire.

Cette décision était notifiée le 20 au général Ducrot, à qui on laissait, d'ailleurs, toute liberté d'action au sujet des opérations à entreprendre pour atteindre le but qu'on lui signalait.

<small>Responsabilité du général Trochu.</small>

Nous estimons que, dans cette circonstance, la personnalité du général Trochu était avant tout en jeu, et qu'il doit supporter la responsabilité de la décision qui venait d'être prise. Or, en même temps, nous croyons qu'à quelque point de vue que l'on se mette, il est impossible de la justifier. Pour bien apprécier la résolution prise dans cette circonstance, il importe de se mettre à la place du gouverneur, en ne tenant compte que des renseignements qu'il possédait. Or, le 14, il apprend qu'une armée française, après avoir gagné une bataille à Coulmiers, est établie en avant d'Orléans. La dépêche qui lui apportait cette nouvelle lui montrait bien que jusqu'à ce moment la Délégation de Tours ne s'était pas conformée aux recommandations envoyées de Paris, mais elle ne prouvait nullement que l'on fût absolument résolu à n'en tenir aucun compte.

On pouvait très bien supposer, en effet, qu'au moment où l'exposé du plan de sortie par la Basse-Seine était parvenu à Tours, la principale armée de province avait été déjà réunie à proximité d'Orléans, c'est-à-dire dans une position d'où elle n'eût pu être transportée sur Rouen que par un long détour; que par suite, cette armée avait cru devoir commencer ses opérations là où elle se trouvait, croyant y trouver l'occasion de débuter par un succès, sauf ensuite à les continuer en se conformant au plan de sortie du général Ducrot. On pouvait remarquer, du reste, qu'une fois à Coulmiers, il était possible d'arriver sur Paris par voie de terre aussi vite qu'en s'y rendant par Rouen et par voie ferrée. En effet, pour transporter l'armée par chemin de fer, il fallait plus de 6 jours, et une fois à Rouen, il en fallait encore 4 pour arriver sur Pontoise, soit en tout au moins 10 jours; tandis que de Coulmiers à Versailles il n'y avait que 4 ou 5 jours de marche, et, en supposant que l'on fût retardé, soit par la nécessité de combattre, soit par l'avantage de faire un détour par Chartres, on avait le moyen d'atteindre la Seine au-dessous de Paris au bout de 8 jours. On devait donc se dire que si la situation de l'armée de la Loire à Orléans ne rentrait pas précisément dans les instructions du général

Trochu, elle n'y était pas non plus opposée ; et dès lors, il fallait faire de nouveaux efforts pour amener la Délégation à faire concorder la suite des opérations avec le plan de sortie du gouverneur. Avant d'expédier de nouvelles instructions à Tours, on était donc amené à se demander quelle était, pour l'armée de la Loire, la meilleure direction à suivre pour marcher sur la capitale. A ce sujet, il faut reconnaître que l'on ne possédait pas à Paris toutes les données nécessaires pour résoudre le problème d'une manière bien précise, car on n'était pas renseigné sur la situation des armées en présence entre la Loire et la capitale ; mais on pouvait envisager les diverses éventualités possibles, et en raisonnant comme nous l'avons fait plus haut au sujet de ce que devait faire l'armée de la Loire au lendemain de la bataille, on eût été amené à répondre à la dépêche de Tours de la manière suivante :

« Vous êtes à Orléans, il faut maintenant marcher
« sur Paris, car l'armée du général Ducrot n'a de
« chances sérieuses de sortir qu'avec votre concours.
« Si les circonstances s'y prêtent, marchez droit sur
« Versailles ; autrement faites un détour par Chartres
« et venez ensuite attaquer la ligne d'investissement,
« soit par Versailles, soit par Pontoise. Utilisez pour
« cette opération toutes les forces disponibles en
« France. »

On nous dira peut-être que le Gouvernement de Paris avait déjà, à plusieurs reprises, expédié de semblables instructions. C'est vrai, mais ce que nous prétendons, c'est que, loin de les modifier en apprenant le succès de Coulmiers, on devait, au contraire, les renouveler en y insistant avec toute l'énergie possible.

On dira peut-être encore que la Délégation n'aurait pas mieux écouté ces nouvelles instructions que les précédentes ; c'est possible. Toutefois le fait n'est pas certain et, dans tous les cas, si le gouverneur, malgré son insistance, eût échoué de nouveau, il devenait exempt de toute responsabilité dans les malheurs qui allaient suivre.

Il y avait un point sur lequel il importait d'insister par-dessus tout, c'était sur la nécessité même de la marche sur Paris, quelle que fût du reste la meilleure direction à suivre. Il fallait bien convaincre la Délégation que le général Ducrot avait peu de chances de réussir s'il était livré à lui-même, car il devait trouver sur la ligne d'investissement des obstacles bien difficiles à surmonter. Sans doute rien n'est absolu dans les principes de l'art de la guerre, et l'on peut très bien imaginer que le général Ducrot, sans l'aide d'une armée extérieure, soit parvenu à surprendre le passage de la Seine à Argenteuil, puis profitant d'une distribution défectueuse des forces allemandes, à suivre le chemin de Pontoise. Mais si le succès d'une pareille opération n'était pas absolument impossible, il était bien peu probable. Et il faut bien remarquer que les difficultés à surmonter ne tenaient nullement au point d'attaque choisi par le général Ducrot ; partout ailleurs, il en eût rencontré de semblables, et même sur quelques points de bien plus grandes ; par exemple, en portant son effort sur Buzenval ou sur Châtillon. Elles tenaient simplement à ce que partout on avait à enlever des

Nécessité de la marche de l'armée de la Loire sur Paris.

positions fortifiées où l'ennemi pouvait tenir longtemps avec peu de troupes en attendant l'arrivée des renforts. Nous disons qu'il était essentiel d'insister sur cette considération, car la Délégation ne semblait pas se douter des difficultés qu'il fallait vaincre pour briser la ligne d'investissement.

Comme on avait déjà accusé Bazaine de trahison, parce qu'il n'avait pas su sortir de Metz, on devait, à Tours, considérer au moins comme de grands incapables les généraux qui ne sauraient pas sortir de Paris.

Or, c'était une illusion des plus dangereuses, qu'il importait de dissiper.

Il fallait qu'à Tours on fût bien convaincu que le rôle de l'armée de la Loire ne devait pas consister à attendre l'armée de Paris, mais au contraire que cette dernière ne parviendrait à s'éloigner de la capitale que si l'autre en approchait jusqu'au contact de l'armée d'investissement. Ainsi, selon nous, la réponse que le Gouvernement devait faire à la dépêche qui lui annonçait la victoire de Coulmiers devait porter sur deux points :

1° Impossibilité presque absolue pour l'armée de Paris de se dégager d'elle-même et, par suite, nécessité pour l'armée de la Loire d'attaquer la ligne d'investissement ;

2° Avantages de la marche par la Basse-Seine.

Avantages du mouvement par la Basse-Seine.

Or, ces avantages étaient manifestes à plusieurs points de vue. D'abord on conformait ses opérations au plan de sortie du général Ducrot, puis en marchant par Chartres on se dérobait à l'attaque de l'armée de Metz, on attaquait au contraire le duc de Mecklembourg dans des conditions favorables et on opérait avec toute la sécurité désirable ; en abandonnant Orléans, on changeait de ligne d'opérations, de manière à prendre pour base les provinces de l'Ouest. En un mot, le Gouvernement pouvait présenter aux chefs de la Délégation toutes les considérations que la nature seule des choses aurait dû leur suggérer.

Or supposons que le 14 on ait expédié à Tours de semblables instructions qui auraient été probablement reçues au plus tard le 18 et qu'enfin le ministre Gambetta se soit décidé à s'y conformer, deux jours plus tard l'armée de la Loire déjà forte de 120,000 hommes pouvait se mettre en mouvement ; mais, comme à cette époque, les têtes de colonnes du prince Frédéric-Charles se montraient déjà au nord d'Orléans, que, d'autre part, le duc de Mecklembourg avait déjà commencé son mouvement de Chartres sur le Mans, on ne pouvait plus songer à marcher droit sur Versailles comme au lendemain de la bataille ; il n'eût même pas été convenable de se diriger sur Chartres par Artenay et Allaines, mais c'était le cas de s'y porter par Châteaudun, c'est-à-dire que l'on eût été amené à opérer contre le duc de Mecklembourg, comme nous l'avons dit précédemment ; mais on s'y serait préparé quelques jours plus tôt, ce qui aurait encore augmenté les chances d'éviter les corps de la II⁰ armée allemande.

Tout bien considéré, et à quelque point de vue qu'on se mette, la marche sur Chartres était donc la seule raisonnable 15 jours après la bataille de Coulmiers, aussi bien que le lendemain de cette bataille ; on pouvait en être convaincu à Paris aussi bien qu'à Tours, et ce que nous reprochons au gouverneur, c'est de ne pas avoir persisté dans son plan de sortie par la Basse-Seine, car il y avait encore des chances d'entraîner la Délégation à y faire concourir l'armée de la Loire.

Au contraire, en ne parlant plus dans la correspondance avec Tours de ce plan auquel on ne s'était arrêté qu'après de longues réflexions, on laissait à la Délégation la liberté d'agir d'après d'autres idées, et l'on comptait bien, en effet, qu'elle ne voudrait plus tenir compte du premier plan de sortie, car en même temps que l'on renonçait à le lui imposer, on prenait soi-même des dispositions pour se conformer aux projets que l'on attendait d'elle.

Comme nous l'avons dit, la décision du Gouvernement fut notifiée au général Ducrot, le 20 novembre. On lui prescrivit d'abandonner le plan de sortie par la Basse-Seine, et de faire de nouvelles dispositions dans le but de marcher au-devant de l'armée de la Loire, en lui laissant à ce sujet une entière liberté d'action.

Nouveau projet du général Ducrot.

Il lui fallut donc renoncer à l'opération qu'il avait si longuement préparée, et renverser tous ses préparatifs. Comme il le dit dans son ouvrage, c'était dur; néanmoins, il se mit à l'œuvre. Après avoir reconnu le terrain au sud et au sud-est, et avoir songé un instant à tenter un effort par les deux rives de la Seine sur Choisy-le-Roi, il s'arrêta définitivement, sur le conseil du colonel de Miribel, à l'idée de déboucher en passant la Marne, en avant de Vincennes et du plateau de Romainville.

Une fois la rivière franchie, on devait s'emparer de Noisy-le-Grand, puis essayer d'enlever les plateaux de Villiers et de Cœuilly, en les attaquant de front et de flanc. En cas de succès contre la ligne d'investissement, on devait ensuite remonter la Marne jusqu'à hauteur de Lagny, puis se rabattre sur la Seine, de manière à l'atteindre vers Bray ou Nogent. De cette façon, on évitait les positions de la rive gauche, entre la Seine et la Bièvre, où l'on devait croire l'ennemi fortement établi, et de plus on tournait les positions non moins faciles à défendre de Villeneuve-Saint-Georges et de Boissy-Saint-Léger. Ce projet, soumis au gouverneur, fut approuvé par lui le 22 novembre.

En même temps, à la Délégation de Tours, on comptait bien entraîner l'opinion du Gouvernement, et, s'attendant déjà à ce que l'armée de Paris se mît en marche vers la Loire, on s'était demandé quelle direction elle pouvait être amenée à suivre. Et l'on s'était arrêté à l'idée que, ce qu'elle avait de mieux à faire, était de sortir par la rive droite de la Seine, et de remonter le fleuve.

Cette présomption était à peu près conforme aux idées du général Ducrot, et l'on prit le parti de porter l'armée de la Loire dans cette direction. Ainsi, sans s'être entendus d'une manière bien précise, on était d'accord au sujet des opérations qu'on allait entreprendre. A Paris, dès que les résolutions furent prises, on se mit à l'œuvre avec activité pour en presser l'exécution.

Dès le 22 novembre, le nouveau plan fut arrêté dans son ensemble et étudié dans ses détails pendant les jours suivants.

Préparatifs de sortie par la Marne.

Il s'agissait d'abord de concentrer sur le plateau de Vincennes et aux environs toute la 2ᵉ armée, qui se trouvait presque tout entière sur la rive gauche de la Seine, et sa partie principale dans la presqu'île de Gennevilliers.

Les ordres furent donnés pour que tous ces mouvements s'exécutassent pendant les journées du 27 et du 28, et que l'on fût prêt à commencer les opérations le 29. Les ponts de la Seine, établis du côté de la presqu'île de Gennevilliers, furent repliés et le matériel dirigé sur Bercy ; de là les bateaux devaient s'engager dans le canal qui traverse la presqu'île de Saint-Maur, de manière à déboucher près de Joinville, où de nouveaux ponts devaient être construits.

D'autres ponts devaient être établis près de Nogent et de Bry, avec l'équipage de marche de l'armée.

La 2ᵉ armée devait donc passer la Marne entre Joinville et Neuilly-sur-Marne, en profitant du rentrant que présente la presqu'île de Poulangis. A droite elle pouvait être appuyée par une nombreuse artillerie, réunie dans la presqu'île de Saint-Maur, et placée sous les ordres du général Favé ; à gauche, par des batteries que l'on devait élever sur le plateau d'Avron. Mais il fallait d'abord s'emparer de ce plateau. Le contre-amiral Saisset fut chargé de cette opération, ayant sous ses ordres le colonel Stoffel pour commander l'artillerie.

D'autres batteries furent élevées près du fort de Nogent pour appuyer l'attaque directe. Enfin, pendant que la 2ᵉ armée exécuterait la grande opération dont elle était chargée, les divisions de la 3ᵉ armée devaient faire des démonstrations sur plusieurs points de la ligne d'investissement.

Au Nord, le vice-amiral La Roncière le Noury avec les trois brigades sous ses ordres devait s'emparer du village d'Épinay et faire en même temps une démonstration en avant du fort d'Aubervilliers.

Au Sud, le général Vinoy devait attaquer le village de l'Hay en même temps que la gare aux bœufs de Choisy-le-Roy ; il devait employer à cette opération la division Pothuau de la 3ᵉ armée et la division Maud'huy, qui, quoique appartenant au 1ᵉʳ corps de la 2ᵉ armée, en avait été distraite afin de donner un noyau solide aux mobiles de la 3ᵉ armée.

En outre, les divisions de Beaufort et de Liniers, de la 3ᵉ armée, devaient faire : l'une une fausse attaque sur Buzenval et la Malmaison en avant du Mont-Valérien ; l'autre le simulacre de jeter un pont sur la Seine à l'île Marante entre Argenteuil et Besons.

Tous les mouvements préparatoires s'exécutèrent comme ils avaient été prescrits.

Concentration de la 2ᵉ armée française sur le plateau de Vincennes (27-28 novembre).

La 2ᵉ armée, comme nous l'avons vu, comprenait trois corps d'armée.

Le 1ᵉʳ corps sous les ordres du général Blanchard, était formé de 2 divisions commandées par les généraux de Malroy et Faron, la division de Maud'huy en ayant été distraite pour rester à Paris avec la 3ᵉ armée ; chaque division avait 3 batteries dont 1 mitrailleuse.

Il y avait de plus, une artillerie de réserve de 6 batteries de 12.

Le 2ᵉ corps sous les ordres du général Renault comprenait 3 divisions commandées par les généraux de Susbielle, Berthaut et de Maussion ; les artilleries divisionnaires avaient la même composition qu'au 1ᵉʳ corps ;

il y avait, en outre, une artillerie de réserve de 5 batteries de 12.

Le 3ᵉ corps, sous les ordres du général d'Exéa, ne comprenait que 2 divisions commandées par les généraux de Bellemare et Mattat avec une artillerie de réserve de 6 batteries ; un groupe de mobiles sous les ordres du colonel Reille était rattaché à ce corps d'armée.

En dehors de ces 3 corps il y avait la division de cavalerie du général Champéron et une réserve générale d'artillerie de 10 batteries dont 4 de 8.

Pendant les journées du 27 et du 28, toutes ces troupes furent dirigées de l'ouest à l'est de Paris, partie par voie de terre, partie par le chemin de fer de ceinture au nord et au sud de la Seine, et, le 28 au soir, l'armée entière comprenant environ 100,000 hommes et 300 bouches à feu se trouva réunie sur les plateaux de Vincennes et de Romainville prête à attaquer les lignes allemandes le lendemain matin.

Instructions envoyées à Tours par le général Trochu.

Pendant que le général Ducrot préparait ainsi l'exécution du nouveau plan de sortie, le gouverneur n'avait pas manqué d'en informer la Délégation de Tours. Le 18 et le 20 il avait expédié 2 dépêches dans lesquelles il faisait connaître que le général Ducrot allait changer ses dispositions, de manière à marcher au-devant de l'armée de la Loire, et le 24 il annonçait formellement la sortie pour le 29.

« Les nouvelles de l'armée de la Loire, disait-il dans cette dernière dépêche, m'ont naturellement décidé à sortir par le sud et à aller au-devant d'elle, coûte que coûte. C'est lundi 28 que j'aurai terminé mes préparatifs poussés de jour et de nuit; mardi 29, l'armée extérieure commandée par le général Ducrot, le plus énergique de tous, abordera les positions fortifiées de l'ennemi, et, s'il les emporte, il poussera vers la Loire, probablement dans la direction de Gien. »

Mais tout en portant ses projets à la connaissance de la Délégation de Tours, le général Trochu ne faisait nullement appel au concours de l'armée de la Loire, parce qu'il ne la croyait pas en mesure de l'aider dans son entreprise. Il venait en effet de recevoir une dépêche de Gambetta, que ce dernier avait expédiée au moment où le duc de Mecklembourg explorait le pays au delà de l'Eure et du Loir dans les directions du Mans et de Tours, et où il avait laissé percer toutes les craintes qu'il avait éprouvées pour le siège de la Délégation et pour l'armée de la Loire, qu'il représentait comme menacée d'un mouvement tournant sur sa gauche.

Le général Trochu ne connaissait pas exactement les faits, et, ne pouvant d'ailleurs, par suite de ses idées préconçues, apprécier à leur vraie valeur les forces de l'armée de la Loire, il avait attaché aux craintes exprimées par Gambetta une importance qu'elles n'avaient pas; déjà il croyait l'armée de la Loire incapable de lutter contre les forces allemandes qui lui étaient opposées, et, loin de faire appel à son concours, il donnait au contraire à Gambetta le conseil de la porter en arrière, en se contentant de lui indiquer la ligne de retraite qui lui paraissait la plus convenable.

« J'estime, disait-il dans cette même dépêche du 24, par laquelle il annonçait la sortie pour le 29, que si votre armée est décidément tournée par la gauche, elle doit passer la Loire et se retirer vers Bourges par la Motte-Beuvron et Vierzon. »

<small>Le gouverneur ne compte plus sur les armées de province</small>

Cependant l'armée de la Loire, le 24 novembre, n'était nullement dans la situation que le général Trochu supposait, et, tout en manifestant ses craintes pour la gauche de cette armée, Gambetta comptait bien pousser sa droite en avant et, dans une nouvelle dépêche, il annonçait officiellement qu'elle bivouaquerait le 6 décembre dans la forêt de Fontainebleau.

Mais le général Trochu ne croyait pas au succès d'une pareille entreprise, parce qu'il ne se doutait pas des efforts qui avaient été faits en province depuis deux mois. Pour lui les promesses de Gambetta reposaient sur une grosse illusion par laquelle il fallait éviter de se laisser tromper, et, pour l'exécution du projet de sortie par la Marne, il ne comptait que sur l'armée du général Ducrot. Ainsi tandis que, un mois plus tôt, le gouverneur avait cru nécessaire de réclamer le concours des armées de province pour assurer l'exécution du plan de sortie par la Basse-Seine, il semblait croire maintenant que l'on pouvait s'en passer en tentant la sortie du côté opposé.

C'était là, suivant nous, une illusion bien autrement grave que celle que le gouverneur reprochait à Gambetta; car si la tentative que l'on s'était proposé de faire par Argenteuil et Pontoise présentait déjà bien des difficultés sans le concours d'une armée extérieure, on devait en rencontrer de bien autrement insurmontables en débouchant de la Marne pour aller ensuite passer la Seine et gagner la Loire.

Il fallait d'abord rompre la ligne d'investissement. Pour accomplir cette tâche, on avait des deux côtés à vaincre des obstacles à peu près semblables. Nous croyons que, dès la fin d'octobre, on avait déjà bien peu de chance d'en triompher; mais à la fin de novembre ces obstacles étaient loin d'avoir diminué. Les Allemands n'avaient pas cessé de perfectionner leurs moyens de défense, et les forces dont ils disposaient avaient encore été augmentées par l'arrivée du IIe corps amené de Metz.

Comme nous l'avons vu, au commencement du mois de novembre, ce corps d'armée était arrivé sous Paris. Une division fut d'abord placée sur la rive droite à la gauche des Wurtembergeois, l'autre à Longjumeau.

Répartition des forces allemandes autour de Paris. (fin novembre).

Au milieu de novembre, à la suite de la bataille de Coulmiers, tout le corps d'armée fut réuni sur la rive gauche, afin de pouvoir soutenir au besoin les forces opposées à l'armée de la Loire. Par suite les Wurtembergeois durent prolonger leur gauche jusqu'à la Seine, et en même temps ils furent rattachés à l'armée de la Meuse, de manière que le prince royal de Saxe réunit sous son commandement toutes les troupes allemandes établies sur la rive droite du fleuve.

Afin d'appuyer les Wurtembergeois, une brigade de la 24e division fut portée sur la rive gauche de la Marne et la 23e dut s'étendre jusqu'à cette rivière. Il s'ensuivit un léger mouvement d'ensemble de l'armée de la Meuse sur sa gauche, et la brigade du IVe corps, précédemment portée vis-à-vis d'Argenteuil, y fut remplacée par une partie de la division de landwehr de la garde. En somme, entre la Marne et la Seine, il n'y avait que la division wurtembergeoise et une brigade saxonne ; mais le reste du corps saxon au nord, le IIe et le VIe au sud n'avaient qu'un pas à faire pour appuyer ces troupes. Comme l'attention du grand état-major fut attirée surtout de ce côté par l'apparition de la droite de l'armée de la Loire entre Gien et Montargis, une brigade du IIe corps fut ramenée sur Villeneuve-Saint-Georges, de manière à être mieux en mesure de soutenir la gauche des Wurtembergeois. D'ailleurs, ceux-ci étaient solidement établis sur leurs positions, et notamment à Villiers et à Cœuilly, où ils avaient utilisé tous les moyens de défense que leur présentaient les parcs situés près de ces villages. Il était donc certain que l'armée française débouchant de ce côté n'enlèverait ces positions que par des efforts soutenus. Cependant, avec de l'habileté et de la vigueur, le succès n'était pas absolument impossible.

Difficultés des opérations à entreprendre par l'armée de Paris.

Mais, même en supposant que l'on parvînt à rompre la ligne d'investissement, la tâche de l'armée française était loin d'être remplie ; il fallait ensuite atteindre la forêt de Fontainebleau, puis la Loire entre Gien et Nevers. Or n'est-il pas évident qu'avec l'idée que le général Trochu se faisait de la situation, c'était justement dans cette région que devait se trouver le gros des forces allemandes. Puisqu'il supposait l'armée de la Loire rejetée au sud de ce fleuve, il devait regarder comme certain que le prince Frédéric-Charles devait se trouver vis-à-vis d'elle entre Orléans, Gien et Fontainebleau.

Dès lors, l'armée sortant de Paris pour se diriger sur la Loire allait au-devant d'un désastre inévitable.

Il est vrai que le plan du général Ducrot n'était pas tout à fait tel que le général Trochu l'indiquait dans sa dépêche. Le commandant de la 2ᵉ armée de Paris ne comptait pas beaucoup plus que le gouverneur sur le concours de l'armée de la Loire ; mais aussi ce n'était pas sur Gien qu'il voulait se diriger ; son intention était d'abord de remonter la Marne jusque vers Lagny, de se rabattre ensuite sur la Seine, vers Bray et Nogent, puis, suivant les circonstances, de se couvrir de l'Yonne pour atteindre la Loire vers Nevers, ou bien pour gagner le Morvan.

Les difficultés d'une pareille opération, tout en étant encore très grandes, étaient cependant moindres que celles de la marche sur Gien, mais surtout ce plan était logique, tandis que celui du général Trochu était en complet désaccord avec ce qu'il supposait de la situation.

Il semble donc que le général Trochu, en approuvant le projet du général Ducrot, avait négligé de l'approfondir.

<small>Le général Trochu n'avait pas approfondi le plan de sortie.</small>

Absorbé en partie par les soucis du gouvernement, il ne pensait pas assez qu'en même temps qu'il en était le chef, il était le généralissime de toutes les forces réunies dans la capitale.

Au lieu de n'envisager le plan à exécuter que dans sa conception générale, il était de son devoir de se l'approprier, non seulement dans son ensemble, mais même dans ses détails. Il aurait alors compris pourquoi le général Ducrot se proposait de remonter d'abord la

Marne avant de se porter sur la Seine, et il n'aurait pas donné des renseignements inexacts à la Délégation de Tours, en lui annonçant que, si l'armée de Paris parvenait à rompre la ligne d'investissement, elle se dirigerait droit sur Fontainebleau.

Il ne suffirait pas de dire pour excuser le gouverneur qu'il avait dans son subordonné une confiance très justifiée ; car, en admettant qu'il pût laisser au général Ducrot tout le soin de préparer la sortie de la 2ᵉ armée, il aurait dû considérer que cette armée ne comprenait qu'une partie des forces réunies dans la capitale, et que si, seule, elle devait chercher à s'éloigner, elle avait néanmoins besoin, pour réussir dans son entreprise, du concours des autres forces, qui n'étaient pas sous les ordres du général Ducrot.

Nous dirons donc, en somme, qu'à notre avis, le général Trochu après avoir manqué de fermeté en consentant trop facilement à abandonner le plan de sortie par la Basse-Seine, a traité avec trop de légèreté les questions militaires qui étaient essentiellement de son ressort.

Il devait en résulter, dans l'exécution, de la part du gouverneur, une absence d'initiative fâcheuse, et, de la part de diverses fractions de la 3ᵉ armée, un manque de concours, également préjudiciables au succès de l'entreprise.

Tout cela avait sans doute pour cause première la conviction qu'avait au fond le gouverneur de Paris, que, de quelque manière que l'on s'y prît, on n'avait aucune chance de succès, et qu'il fallait seulement lutter pour l'honneur jusqu'à l'épuisement des subsistances ; et cette manière de voir, qui paraît avoir été celle du général Trochu dès les premiers jours du siège, n'avait pu que se trouver affermie, depuis qu'il croyait l'armée de la Loire dans l'impossibilité de concourir au déblocus de la capitale.

Mais, comme nous l'avons dit, cette armée n'était pas du tout dans l'état que le gouverneur croyait. En réalité, elle comprenait près de 180,000 hommes; le 24 novembre, elle était encore sous la bonne impression que la victoire de Coulmiers avait produite, et il est certain que si elle eût été conduite par des hommes capables, elle avait de grandes chances d'arriver dans la forêt de Fontainebleau à la date fixée par Gambetta.

Malheureusement, les dispositions furent si mal prises, que les premières tentatives exécutées par la droite de l'armée n'aboutirent qu'à un gros échec.

L'armée de la Loire n'est pas en mesure d'appuyer la tentative de sortie.

Comme nous l'avons vu, en même temps que M. de Freycinet dirigeait le 17° corps sur Châteaudun, il prescrivait au 20° et au 18° de se porter de Gien sur Beaune-la-Rolande et Montargis, mettant ainsi l'armée dans un tel état de dispersion qu'elle devait être incapable de prononcer nulle part un effort sérieux. Aussi, le 17° corps, après un avantage de peu d'importance, était revenu de Châteaudun dans un état pitoyable, et, du côté opposé, nos opérations ne devaient pas être plus heureuses. Une fois le 20° et le 18° corps réunis entre Bellegarde et Montargis, le général Crouzat en reçut le commandement supérieur avec l'ordre de prendre l'offensive sur Beaune-la-Rolande.

Les corps 18 et 20 sont dirigés sur Beaune-la-Rolande.

Il donna ses instructions le 27 et prescrivit au 20ᵉ corps de s'avancer le lendemain sur Beaune, par Saint-Loup, Montbarrois et Batilly, tandis que le 18ᵉ se dirigerait par Maizières et Juranville.

Le général Crouzat pouvait être appuyé sur sa gauche par le général Martin des Pallières, qui se trouvait toujours à Chilleurs-aux-Bois avec la 1ʳᵉ division du 15ᵉ corps, et auquel il était relié par les francs-tireurs de Cathelineau qui occupaient Chambon et Courcy-aux-Loges.

Mais en prescrivant ces mouvements, M. de Freycinet n'eut pas encore l'idée de faire concourir à l'opération les 2 autres divisions du 15ᵉ corps, pas plus que le 16ᵉ corps tout entier qui durent rester dans les positions qu'ils occupaient de Chevilly à Patay.

Dispositions du prince Frédéric-Charles.

Au contraire, le prince Frédéric-Charles dont l'attention avait été attirée sur sa gauche par les combats du 24, et la pointe du 18ᵉ corps sur Montargis, avait pris ses dispositions pour appuyer au besoin le Xᵉ corps à Beaune-la-Rolande.

Le 27, il avait porté la 5ᵉ division sur Boynes où se trouvait déjà la 1ʳᵉ division de cavalerie, et, prévoyant le cas où il serait obligé de diriger le gros de ses forces vers l'Est, il avait prescrit au duc de Mecklembourg, qui, comme nous l'avons vu, arrivait le même jour aux environs de Châteaudun, d'atteindre le 29 novembre, tout au moins avec ses têtes de colonnes, la route d'Orléans à Paris à la hauteur de Toury. En outre, les Prussiens s'attendant à notre attaque employèrent les deux journées du 26 et du 27 à fortifier la ville de Beaune. Cette ville était entourée d'un mur de 2 mètres

50 de hauteur qui fut crénelé, tandis que les maisons voisines étaient mises en état de défense et les rues barricadées. La ville et les environs n'étaient occupés que par le Xe corps réduit à 3 brigades, la quatrième était encore fort en arrière sur la Seine.

La 38e brigade occupait Beaune, étendant sa droite jusqu'à Batilly; la 39e était établie aux Cotelles; la 37e, dès le point du jour du 28, fut portée sur Marcilly avec l'artillerie de corps pour soutenir au besoin la précédente. Ces trois brigades présentaient un effectif d'environ 12,000 hommes; mais, comme nous venons de le voir, elles pouvaient être soutenues dans la journée par une division de cavalerie et par une division d'infanterie.

Les Prussiens étaient donc préparés à recevoir notre attaque; aussi ne furent-ils nullement surpris en constatant le 28 au matin que les Français prenaient l'offensive. Conformément aux instructions du général Crouzat, le 20e et le 18e corps s'étaient mis en effet en mouvement à la pointe du jour.

Ce dernier commandé par le général Billot occupe Maizières sans résistance, puis se porte sur Juranville d'où il débusque les Prussiens par une vive attaque qui le rend maître également du village de Lorcy.

En même temps le 20e corps, sous les ordres directs du général Crouzat, débouche de Saint-Loup et de Bois-Commun et s'avance sur Beaune et Batilly. A 10 heures l'action est vivement engagée sur le front des 2 corps français.

Le général Billot n'avait eu d'abord affaire qu'aux

Bataille de Beaune-la-Rolande (28 novembre).

avant-postes de la 39ᵉ brigade, qu'il avait facilement chassé de Juranville et de Lorcy.

Mais en débouchant de ces deux villages il se trouve bientôt en présence de la brigade tout entière, ne disposant encore lui-même que de sa première division. L'ennemi après avoir d'abord arrêté nos tirailleurs prend à son tour l'offensive et, réunissant toutes ses forces disponibles pour attaquer Juranville, parvient à nous en chasser. La brigade française qui avait occupé le village se retire dans la direction de Maizières.

<small>Le 18ᵉ corps occupe Juranville ; le 20ᵉ Batilly.</small>

Mais l'autre brigade qui avait enlevé Lorcy n'ayant que peu d'ennemis devant elle, se rabat dans le flanc des Prussiens, les force à évacuer une seconde fois le village et les rejette définitivement sur les Cotelles et Long-Court.

Pendant qu'à la droite de notre ligne le 18ᵉ corps obtenait ces avantages, le 20ᵉ était parvenu de son côté à s'approcher de Beaune ; à 8 heures du matin la 2ᵉ division débouchant de Saint-Loup et Montbarrois s'était avancée sur la ville, pendant que la 1ʳᵉ se dirigeait sur Saint-Michel et Batilly. Vers 11 heures, le bataillon prussien du 57ᵉ qui occupait ces deux localités, est obligé de les évacuer devant les forces supérieures qui menacent de l'envelopper ; il se retire dans la direction de la rue Boursier ; la droite de la 1ʳᵉ division du 20ᵉ corps occupe en même temps le bois de la Leu.

<small>Le 20ᵉ corps échoue devant Beaune-la-Rolande.</small>

Mais la 2ᵉ division en s'avançant sur Beaune trouve devant elle des obstacles insurmontables. Dès que nos troupes se montrèrent à bonne distance, elles furent accueillies par une fusillade terrible devant laquelle elles furent obligées de s'arrêter. Malgré le feu de nos batteries qui vinrent s'établir à 400 mètres de la ville, tous les efforts de nos troupes restèrent impuissants à dépasser les positions extérieures. Cependant, la droite du 20ᵉ corps parvint à faire des progrès à l'est de la ville, vers le mamelon des Roches; 2 bataillons prussiens du 57ᵉ sont obligés d'abandonner cette position, malgré l'appui de plusieurs batteries qui servent néanmoins à protéger leur retraite. Ces 2 bataillons se retirent sur la rue Boursier où le 3ᵉ bataillon du même régiment s'était également porté après avoir évacué Batilly.

En même temps, le 18ᵉ corps, maître de Juranville et de Lorcy, avait continué son mouvement sur les Cotelles. La 37ᵉ brigade était venue renforcer sur ce point la 39ᵉ. Néanmoins, nos fantassins vigoureusement menés et soutenus par l'artillerie, réussissent à s'emparer de cette position, en rejetant les Prussiens au delà du ruisseau de Laveau. *Le 18ᵉ corps enlève les Cotelles.*

Mais le général Billot ne disposait que de la moitié du 18ᵉ corps. Une brigade de la 2ᵉ division était restée à Montargis et une partie de la 3ᵉ se trouvait encore fort en arrière.

Aussi, après la prise des Cotelles, c'est-à-dire à partir de 2 heures, la lutte sur cette partie du champ de bataille se réduisait presque à une canonnade peu efficace.

Au contraire, le combat continuait avec acharnement à l'ouest de Beaune; la 1ʳᵉ division du 20ᵉ corps, soutenue par la 3ᵉ, avait débouché de Batilly et avait *Nouvel échec du 20ᵉ corps sur Beaune-la-Rolande.*

réussi à occuper le bois de la Pierre-Percée. A gauche de ces troupes, Cathelineau avait occupé Nancray, et la légion bretonne, Courcelles. Le général Crouzat se dispose alors à attaquer Beaune par l'est, pendant que sa 2ᵉ division l'attaque au sud, malgré l'apparition sur sa gauche de la 1ʳᵉ division de cavalerie prussienne. Cette division, dès le matin, s'était rassemblée à Boynes, et s'était mise en marche sur Beaune à midi.

Une batterie à cheval qui la précédait vint prendre position vers 1 heure à la butte de l'Ormeteau, puis un peu plus au sud, pour canonner les troupes du 20ᵉ corps ; mais en butte à une violente fusillade, cette batterie fut bientôt obligée de se retirer, et le général Crouzat put diriger tous ses efforts contre Beaune. La ville n'était occupée que par un seul régiment de la 38ᵉ brigade et par quelques compagnies du 57ᵉ dont le gros se ralliait à la rue Boursier avec plusieurs batteries. Cependant, toutes les tentatives du 20ᵉ corps échouèrent devant la fusillade bien nourrie de ce régiment. Bientôt même, le 57ᵉ rentrant en ligne avec 4 batteries arrête complètement notre attaque des deux côtés de la ville.

Arrivée de la 5ᵉ division prussienne.

Néanmoins, nous restions maîtres du terrain conquis depuis le matin. Il était 4 heures, lorsque l'avant-garde de la 5ᵉ division prussienne apparut à son tour sur le champ de bataille. Cette division, entendant le bruit croissant de la canonnade, s'était rassemblée à Boynes même avant d'en avoir reçu l'ordre.

Le prince Frédéric-Charles, de sa personne, se trouvait sur le même point pour observer la tournure du combat. A 2 heures, il prescrivit à la 5ᵉ division de continuer vers le sud.

La 6ᵉ division et l'artillerie de corps, déjà réunis à Pithiviers, recevaient en même temps l'ordre de suivre sur Boynes.

Arrivé sur la butte de l'Ornuteau, le commandant de l'avant-garde de la 5ᵉ division, se faisant couvrir à droite par un bataillon de chasseurs, dirigeait un régiment sur Batilly en le faisant appuyer de 3 batteries. Devant cette attaque, nos troupes sont obligées d'abandonner le bois de la Pierre-Percée, et, peu de temps après, le bois de la Leu. Cependant, nous tenons encore à Batilly, et dans le même temps les tirailleurs du 18ᵉ corps approchaient de Beaune par le sud-est. Le général Crouzat rassemble les troupes qui lui restent et, se mettant à leur tête, essaye contre la ville un nouvel assaut qui échoue comme les précédents. Alors, voyant arriver le gros des forces de la 5ᵉ division, et malgré les instances du général Billot qui voudrait encore tenter un dernier effort, il prescrit la retraite.

Le 20ᵉ corps se replie sur Bois-Commun et Saint-Loup, le 18ᵉ sur Maizières. A leur gauche, Cathelineau dut se retirer sur la forêt et la légion bretonne (1) sur Chambon. Ces troupes avaient occupé Nancray et Courcelles toute la journée, y avaient résisté avec succès à quelques détachements allemands, et n'évacuèrent ces positions que pendant la nuit.

Retraite des deux corps français.

Plus loin, se trouvait la 1ʳᵉ division du 15ᵉ corps,

---

(1) La légion bretonne, sous les ordres du commandant Domalain, faisait partie des troupes de Cathelineau.

qui occupait Chilleurs-aux-Bois, sous le commandement du général des Pallières. Ce général avait été prévenu pendant l'action par le commandant de la légion bretonne que de fortes colonnes prussiennes se portaient de Pithiviers dans la direction de Beaune. Cependant, le général des Pallières, dont l'arrivée sur le champ de bataille pouvait changer la tournure du combat, resta à Chilleurs.

En somme, la bataille était perdue ; nous avions près de 3,000 tués ou blessés, à répartir à peu près également entre les deux corps 18ᵉ et 20ᵉ.

Les pertes des Allemands ne dépassaient pas un millier d'hommes.

Cependant, nous avions attaqué avec plus de 40,000 hommes un ennemi qui, même avec le secours de la 5ᵉ division, ne nous opposa pas plus de 20,000 hommes. A un moment, un seul régiment prussien établi dans Beaune réussit à repousser l'attaque de presque tout le 20ᵉ corps.

La bataille a été mal dirigée par les Français.

Aussi bien doit-on reconnaître que le général Crouzat avait commis une grosse faute en s'acharnant contre une position qui avait été fortifiée avec soin. Après avoir occupé Batilly et le bois de la Leu, il aurait dû, au lieu de porter tout son effort sur la ville, se contenter d'engager sur sa droite un combat démonstratif, établir à Batilly une brigade pour observer la direction de Boynes, et, avec le gros de ses forces, marcher droit sur la rue Boursier, en laissant au 18ᵉ corps le soin d'opérer au sud et à l'est de Beaune. Mais il faut remarquer que, de ce côté, on avait commis une autre faute en prolongeant la droite jusqu'au delà de Lorcy où il n'y avait rien à faire. Il fallait de ce côté, après l'occupation de Juranville, porter la gauche des troupes du 18ᵉ corps sur le mamelon des Roches et la droite sur les Cotelles. Avec de pareilles dispositions, le 20ᵉ corps avait des chances d'enlever la rue Boursier, qui n'était défendue que par un régiment et quelques batteries ; et si, en même temps, le 18ᵉ corps se fût emparé des Roches, les défenseurs de Beaune, menacés d'être complètement enveloppés, auraient sans doute évacué la ville.

Nous pensons donc qu'avec les seules forces dont nous disposions sur le champ de bataille, il n'était pas impossible de chasser le Xᵉ corps prussien de sa position, avant l'arrivée de la 5ᵉ division. Mais ce succès eût été tout à fait certain si l'on y eût appelé toutes les troupes françaises qui se trouvaient à proximité.

Rien ne peut justifier le détachement du 18ᵉ corps sur Montargis. Lorsqu'on est sur la défensive, on peut être surpris par l'attaque de l'ennemi et n'avoir pas le temps de rappeler quelques corps détachés pour l'observer. Mais, dans l'offensive, les détachements n'ont jamais d'excuse, et tous ceux que l'on a pu faire les jours qui précèdent la bataille doivent être rappelés pour y concourir.

A cette faute commise à l'extrême droite vint s'ajouter celle du général des Pallières, restant inactif à Chilleurs. Celle-ci n'a pas plus d'excuse que la précédente, et il est difficile d'expliquer comment ce général, qui avait montré si inutilement tant d'activité le jour de la bataille de Coulmiers, ne prit pas sur lui de se porter au canon. Son mouvement était si naturellement indi-

Inaction du général Martin des Pallières.

qué, que le général d'Aurelle qui, sans avoir reçu l'ordre de diriger ses opérations, était cependant à peu près au courant de ce qui allait se passer, télégraphia l'après-midi au général des Pallières :

« Puisque la canonnade s'accélère, pourquoi ne vous êtes-vous pas mis en mouvement pour soutenir Crouzat ? » (1)

Le commandant du 15ᵉ corps avait d'ailleurs tous les droits à l'initiative, car quelques jours auparavant il avait été prévenu qu'il aurait le commandement de toutes les troupes dirigées sur Pithiviers.

C'est donc encore par une série de fautes de natures diverses, les unes commises sur le champ de bataille, les autres tenant à de mauvaises dispositions d'ensemble, que nous venions d'éprouver un nouvel échec, alors que nous disposions de moyens suffisants pour obtenir un brillant succès. Car il faut remarquer que si, depuis 8 jours, nos forces étaient dispersées, celles des Allemands ne l'étaient pas moins, et la victoire devait appartenir à celui qui saurait se concentrer rapidement sur un point bien choisi. Or, étant donné que l'on voulait agir par l'est de la forêt d'Orléans et non pas par l'ouest, il est facile de voir que c'est bien entre Beaune-la-Rolande et Pithiviers qu'il fallait porter le principal effort pour obtenir un succès décisif.

Conditions dont dépend le choix d'un bon point d'attaque. La détermination du point d'attaque d'une position est une des questions les plus importantes qu'un général ait à résoudre. Elle dépend de deux sortes de considérations, les unes tactiques, les autres stratégiques.

---

(1) Voir l'ouvrage de M. Maurice Bois, page 190.

Les premières font connaître quelle est, en raison du terrain et de la manière dont il est occupé, la partie de la ligne ennemie sur laquelle on a le plus de chances d'avoir raison de l'adversaire ; les secondes indiquent quelle est la partie de cette ligne dont la possession entraînerait les conséquences les plus décisives. Or, ces deux genres de considérations peuvent bien conduire à des conclusions contradictoires, car il peut arriver que la position que l'on aurait le plus d'intérêt à enlever, soit en même temps la plus forte et la plus solidement occupée, et c'est même, en général, ce que l'ennemi s'efforcera de faire s'il se rend bien compte de l'ensemble des propriétés du terrain sur lequel il est établi. Dans ce cas, on enseigne dans les écoles qu'il faut sacrifier les considérations stratégiques aux considérations tactiques, parce que, avant de songer à profiter de la victoire, il faut d'abord l'obtenir. Mais il peut arriver aussi qu'elles conduisent à des conclusions concordantes. Si le point faible est sur une aile, il arrive souvent qu'en l'attaquant on menace les communications de l'ennemi ; s'il est sur le centre, on pourra espérer, par le succès du combat, rompre la ligne adverse et en battre ensuite séparément les diverses fractions. On doit toujours s'efforcer de concilier les considérations tactiques et stratégiques, et alors même que la concordance n'existe pas dans la nature des choses, on peut la produire par d'habiles dispositions.

Ainsi, à Austerlitz, le chef-d'œuvre des batailles, il est certain que le point le plus faible de la ligne austro-russe n'était pas le plateau de Pratzen ; mais Napoléon avait compris que ses adversaires seraient tentés de

Austerlitz et Friedland.

déborder la droite française, et, par suite, de dégarnir le plateau ; et d'ailleurs, il ne doutait pas, avec les troupes incomparables qu'il commandait, d'enfoncer la ligne ennemie partout où il l'attaquerait. Dans de pareilles conditions, on peut faire prédominer les considérations stratégiques sur les autres, et à Austerlitz on ne pouvait obtenir de grands résultats qu'à la condition de percer le centre.

Ce sont des considérations du même genre qui ont déterminé le point d'attaque à Friedland; mais Napoléon ne leur a pas toujours accordé une importance décisive.

Dresde. A Dresde, par exemple, ce sont les considérations tactiques qui l'ont emporté. Au point de vue stratégique, il est certain que l'on était conduit à attaquer le centre ou la droite des Coalisés, parce qu'en réussissant dans une pareille attaque, on obtenait de suite les résultats que Napoléon ne chercha à atteindre que par le mouvement de Vandamme sur Kulhm. Mais l'ennemi était fortement établi de ce côté, et d'ailleurs, Napoléon n'avait plus sous la main les troupes de 1805. Aussi dut-il sacrifier les considérations stratégiques et attaquer la gauche ennemie, qui, par suite de son isolement, fut complètement défaite, et sans difficultés. Mais on voit par cet exemple que la victoire n'entraîne vraiment de grandes conséquences qu'à la condition que l'on ait pu tenir compte des considérations stratégiques. Autrement, on n'oblige souvent l'ennemi qu'à une retraite qui ne résout pas la question d'une manière décisive. Après Austerlitz, comme après Friedland, l'armée russe n'était plus en mesure de continuer la lutte; il n'en était pas de même des coalisés après la bataille de Dresde.

En 1870, à Rezonville, la question à résoudre, pour les Français, offrait quelques analogies avec celle de Dresde; si l'on avait pu espérer une victoire décisive, il est certain que c'est par la gauche que l'armée française aurait dû prononcer son principal effort; car si elle fût parvenue à enfoncer la droite des Prussiens, toute leur gauche, établie entre Vionville et Mars-la-Tour, eût été compromise. Mais étant donné le but que devait poursuivre Bazaine, qui était de gagner la Meuse, c'est par la droite qu'il fallait agir.

Rezonville et Saint-Privat.

D'ailleurs, au point de vue tactique, c'était aussi de ce côté que l'on avait le plus de chances de refouler l'ennemi, d'autant plus que les renforts ennemis ne pouvaient arriver que par la Moselle. En agissant ainsi, on n'aurait fait que refouler les Allemands sur leur ligne de retraite, mais on serait resté maître de celle de l'armée française, et l'on ne devait pas viser d'autre but.

A Saint-Privat, le but des Allemands était de nous rejeter sur Metz; les considérations tactiques et stratégiques conduisaient l'une et l'autre à choisir la droite de l'armée française comme point d'attaque.

Dans certains cas les considérations d'après lesquelles on doit se déterminer sont assez complexes. Ainsi, en livrant la bataille de Noisseville, Bazaine avait pris pour objectif principal le plateau de Sainte-Barbe. Il est hors de doute que ce devait être l'objectif final de la journée, car on ne pouvait se considérer comme maître de la rive droite de la Moselle, qu'à la condition

Noisseville.

de s'emparer de ce plateau. Mais au point de vue tactique c'était là que l'ennemi était le plus fortement installé ; s'y porter directement et de prime abord, c'était donc prendre le taureau par les cornes et risquer d'échouer. Par suite, il fallait commencer par déborder cette position par la droite ou par la gauche. Une fois la question ainsi posée, la marche à suivre ne dépendait plus que du but définitif que l'on se proposait d'atteindre. Si Bazaine avait eu l'intention de s'éloigner de Metz pour gagner les Vosges, il aurait dû attaquer par sa droite, c'est-à-dire sur Montoy et Colombey, puis se rabattre avec une partie de ses forces sur Sainte-Barbe, de manière à rejeter l'ennemi dans la direction de Sarrelouis, tout en s'avançant sur Château-Salins avec le gros de son armée.

Mais tel n'était pas son but ; ce qu'il se proposait, en s'emparant du plateau de Sainte-Barbe, c'était de communiquer avec Thionville. Dès lors il n'y avait pas de doute, il fallait, tout en engageant un combat démonstratif sur Sainte-Barbe, commencer par prononcer une attaque à fond en descendant la Moselle, c'est-à-dire en prenant pour objectifs successifs Vany-Chieulles, Charly-Malroy, puis Antilly-Argancy ; et ce n'est qu'après s'être emparé de ces positions qu'une partie de l'armée se serait rabattue sur le plateau de Sainte-Barbe, de manière à prendre à revers les principales défenses de l'ennemi. Ce choix du point d'attaque était d'autant plus nettement indiqué, que c'était la seule manière d'empêcher les renforts allemands d'arriver de la rive gauche sur la rive droite, et il nous paraît hors de doute que si Bazaine eût suivi la marche que nous venons d'indiquer, en prenant l'offensive, à

4 heures du matin, avant midi il eût remporté une victoire décisive qui l'aurait rendu maître du pays compris entre la Moselle et la Nied, et lui aurait ouvert la route de Thionville.

Si maintenant nous revenons à la bataille de Beaune-la-Rolande, il est facile de voir comment le général français qui commandait les corps 18 et 20 aurait dû conduire son attaque. On se proposait de chasser l'ennemi de la ville qu'il occupait ; mais bientôt on put se convaincre qu'il en avait organisé la défense, de manière à rendre l'attaque directe presque impossible.

Où aurait dû être le point d'attaque à Beaune-la-Rolande

Dès lors il fallait déborder la position ; l'attaque par la droite, si elle eût réussi, rejetait le Xe corps prussien sur le gros de la IIe armée, et elle nous ouvrait le chemin de Fontainebleau ; mais comme la partie principale de l'armée française avait été laissée en avant d'Orléans, on ne pouvait pas songer à se porter sur la Seine avec les deux seuls corps 18e et 20e ; le succès n'avait donc que peu de conséquences.

L'attaque par la gauche, au contraire, conduisait à rompre la ligne allemande, à isoler le Xe corps du reste de la IIe armée, et à rejeter ce corps sur le Loing, où il ne pouvait être immédiatement secouru.

D'ailleurs la nature du terrain rendait cette attaque plus facile que l'autre ; les considérations tactiques et stratégiques se trouvaient en parfait accord. Après avoir reconnu la difficulté de s'emparer de Beaune-la-Rolande, par une attaque directe, il fallait donc attirer le 18e corps droit sur la ville pour maintenir l'ennemi au sud, et en même temps prononcer avec le 20e corps une attaque à fond, en prenant pour objectif la rue

Boursier. Et, si en même temps on eut donné l'ordre formel au général Martin des Pallières de se porter de Chilleurs sur Courcelles et de là sur Barville pour contenir les renforts qui pouvaient venir de Pithiviers, il est fort probable que l'on aurait obtenu un succès complet, qui aurait pu avoir les jours suivants les plus heureuses conséquences, à la condition de porter aussi sur la droite une partie des forces que l'on avait laissées en avant d'Orléans.

<small>Mauvaises dispositions prises par la Délégation de Tours.</small>

Mais justement, l'impuissance de l'armée française avait pour cause première sa dispersion.

Et c'est ainsi que, depuis plusieurs jours, on avait échoué partout, et que, tout en disposant de près de 180,000 hommes, on se trouvait dans l'impossibilité de prononcer nulle part un puissant effort. Et ce n'était vraiment pas la peine d'avoir fait appel à toutes les ressources de la France pour en faire un pareil gaspillage.

La Délégation de Tours est seule responsable d'une pareille situation; car le général d'Aurelle avait tout juste été prévenu des mouvements qui pendant les derniers jours s'étaient effectués sur sa droite et sur sa gauche, et l'on n'avait aucunement jugé convenable de le consulter.

Il est vrai qu'au moment où s'exécutaient les mouvements du 17e corps à la gauche de l'armée, et ceux des corps 18 et 20 à la droite, on n'avait encore reçu aucun avis de Paris annonçant avec précision la tentative de sortie du général Ducrot. Même le jour de la bataille de Beaune-la-Rolande, la dépêche du gouverneur expédiée le 24, et qui annonçait que le général Ducrot devait commencer ses opérations le 29, n'était pas encore parvenue à Tours.

Par suite de vents contraires, le ballon qui portait cette dépêche avait été jeté sur la Norvège, et c'est pour cela que cette dépêche n'arriva à Tours que 6 jours après qu'elle avait été expédiée de Paris.

Mais il nous semble que cette circonstance, quoique fâcheuse, ne peut suffire à excuser l'état de dispersion dans lequel se trouvaient les corps de l'armée de la Loire dans les derniers jours de novembre.

Est-ce que le projet de marcher sur Fontainebleau venait de Paris ou de Tours ?

N'était-ce pas au siège de la Délégation que l'on en avait eu l'idée première ? N'avait-on pas tout fait pour l'imposer au Gouvernement de Paris en refusant de concourir au premier plan de sortie ? Pouvait-on craindre qu'à Paris on ait persisté dans l'idée de sortir par la Basse-Seine ? Rien ne le faisait croire, car le général Trochu avait écrit le 18 qu'il lui fallait 8 jours pour préparer un nouveau plan. D'ailleurs, n'avait-on pas fait savoir à Paris que l'on serait le 6 décembre dans la forêt de Fontainebleau, et la bataille de Beaune-la-Rolande n'avait-elle pas pour but d'ouvrir les voies de l'armée dans cette direction?

Depuis 8 jours il n'y avait aucun doute sur la direction à suivre dans l'esprit des chefs de la Délégation. Dès lors, comme on savait, même avant d'avoir reçu la dépêche du 24 que le général Ducrot serait prêt à agir avant la fin du mois de novembre, on devait n'avoir pour but que de seconder ses efforts en évitant de disperser ses forces par des mouvements décousus.

Il serait d'ailleurs inexact de dire que l'on pouvait

attendre la nouvelle d'un succès de l'armée de Paris pour aller au-devant d'elle, car on aurait dû comprendre qu'elle ne pouvait traverser les forces des Allemands qui entouraient Paris qu'avec le concours immédiat de l'armée de la Loire.

<small>La dispersion de l'armée de la Loire empêchait le général Ducrot de profiter d'un premier succès.</small>

Que serait-il arrivé au général Ducrot si, après avoir rompu la ligne d'investissement, il s'était trouvé seul entre la Marne et la Seine, tandis que l'armée de la Loire demeurait aux environs d'Orléans?

Il eût été accablé par les forces réunies de l'armée de la Meuse et du prince Frédéric-Charles, que rien n'eût empêché de passer la Seine aux environs de Fontainebleau.

Pour donner des chances de succès à la sortie du général Ducrot, il fallait donc soi-même prendre l'offensive le plus tôt possible, afin de retenir l'armée du prince Frédéric-Charles, et au moins on devait se tenir prêt à attaquer en masse au premier signal.

Restait à savoir quelles dispositions il fallait prendre pour arriver au rendez-vous de Fontainebleau que l'on avait soi-même choisi.

<small>Dispositions à prendre pour attaquer le prince Frédéric-Charles.</small>

Comme nous venons de le dire, on devait avant tout concentrer l'armée de la Loire ; or, on pouvait le faire sur le centre ou sur une aile. La concentration sur le centre était la plus rapide, puisque dans ces conditions chaque aile n'avait à faire que la moitié du chemin. Mais elle offrait plusieurs inconvénients : d'abord elle conduisait à déboucher en masse de la forêt d'Orléans par les deux routes qui conduisent sur Pithiviers : l'une par Loury et Chilleurs-aux-Bois, l'autre par Sully-la-

Chapelle et Courcy-aux-Loges. Le déploiement à la sortie de la forêt était long et pénible ; en outre, on donnait en plein sur le centre de la deuxième armée prussienne, et, il est certain que l'on n'eût pas réussi sans peine à en avoir raison. Il eût fallu pour cela la déborder par une aile ou par une autre, ce qui demandait du temps, et, par conséquent, pouvait permettre d'arriver aux secours que le prince Frédéric-Charles avait à attendre, et notamment aux forces qui étaient sous les ordres du duc de Mecklembourg ; il valait donc mieux commencer par se porter contre une de ses ailes, et, par conséquent, concentrer l'armée de la Loire sur l'aile française opposée, avant d'avoir dévoilé ses projets.

Restait à choisir entre la droite et la gauche, c'est-à-dire opérer la concentration, soit entre Artenay et Patay, soit entre Chilleurs-aux-Bois et Bellegarde. Il faut remarquer que, dans les deux cas, l'existence de la forêt d'Orléans, que l'on pouvait occuper avec peu de monde, était une circonstance très favorable pour dissimuler les mouvements. Mais là s'arrêtait la similitude, et, dans l'ensemble, les deux opérations ne présentaient pas les mêmes avantages.

Si l'on marchait par la gauche, on était conduit à se porter d'Orléans sur Toury et Pithiviers, c'est-à-dire d'abord sur la droite de la IIe armée. Comme on se serait trouvé très supérieur en nombre, on avait des chances, au moins au début de la lutte, d'obtenir quelques succès. Mais les troupes de la IIe armée étaient assez solides pour ne pas se laisser mettre en déroute après une première journée de combat. Elles auraient donc reculé en combattant, pendant que le duc de Mecklembourg, dé-

L'attaque par la gauche ne conduisait pas à Fontainebleau.

bouchant du Loir, serait venu attaquer notre flanc gauche. Admettons même que, malgré ce renfort, les Allemands aient encore été obligés de céder, demandons-nous comment ils auraient exécuté leur retraite ?

Ce qui nous paraît le plus probable, c'est que la IIe armée se serait retirée derrière l'Essonne, et s'y serait établie face au sud-ouest, pendant que le duc de Mecklembourg, marchant par sa gauche, aurait pris position en s'adossant à la ligne d'investissement. Les Allemands auraient été ainsi établis en équerre vis-à-vis de l'armée de la Loire, partie devant notre front, nous barrant le chemin de Fontainebleau, partie sur notre gauche. Dans ces conditions, les troupes que nous supposons battues, restaient en liaison intime avec l'armée d'investissement, et pouvaient aisément en être secourues.

Or, même en supposant qu'à ce moment le général Ducrot ait engagé la lutte pour tenter une sortie entre Seine et Marne, cela n'eût pas empêché les Allemands de détacher un ou deux corps du sud de Paris pour soutenir le duc de Mecklembourg et reprendre l'offensive en attaquant le flanc gauche de l'armée de la Loire, contenue de front par le prince Frédéric-Charles. Il est peu probable que notre jeune armée ait réussi à résister à un pareil choc ; on doit croire, au contraire, qu'elle aurait été rejetée sur la Loire, après avoir essuyé de grandes pertes ; et alors, quand même le général Ducrot aurait réussi à rompre la ligne d'investissement, il se serait trouvé livré à lui-même entre la Marne et la Seine, où il pouvait être attaqué par le prince Frédéric-Charles se retournant contre lui, tandis qu'une partie de l'armée de la Meuse le talonnait sur sa gauche.

En résumé, nous pensons qu'une opération ainsi combinée, ne pouvait amener que de nouvelles défaites.

Cependant l'idée d'attaquer la IIe armée allemande par la gauche de l'armée de la Loire n'était pas impraticable, mais à la condition d'avoir pour objectif Versailles et non pas Fontainebleau. Alors si l'on commençait par refouler la IIe armée vers l'Est, on pouvait, en laissant une partie de l'armée française devant les troupes battues, marcher avec le reste par Dourdan et Chevreuse, et arriver sur Paris par le sud-ouest, en brisant la résistance qu'aurait pu offrir le duc de Mecklembourg.

Mais puisque l'on voulait arriver à Fontainebleau, c'était autrement qu'il fallait s'y prendre, et, en somme, ayant écarté, par la discussion précédente, la concentration sur la gauche ou sur le centre, nous sommes conduits, par voie d'exclusion, à l'idée de la concentration sur la droite.

Il fallait bien attaquer par la droite, mais en concentrant l'armée.

Or nous allons voir maintenant que cette solution était en réalité bien préférable aux deux autres.

Le gros de l'armée une fois réuni entre Chilleurs et Bellegarde marchait d'abord sur Beaune-la-Rolande et Courcelles. Si l'on battait l'ennemi, on obtenait le résultat, soit de couper l'extrême gauche allemande du gros de la IIe armée, en la rejetant sur le Loing, soit de déborder complètement cette armée en refoulant sa gauche sur Pithiviers.

Dans les deux cas, on aurait eu à livrer une seconde bataille sur ce dernier point ; si l'on était encore vainqueur, on pouvait, en laissant une partie de l'armée de la Loire vis-à-vis de la II⁰ armée, se porter avec le reste sur la forêt de Fontainebleau et atteindre la Seine.

Si, au contraire, on était battu dès le début à Beaune-la-Rolande ou à Pithiviers, on se retirait vers Gien, et la retraite n'avait rien de périlleux, à la condition de changer de ligne d'opération et d'évacuer Orléans en prenant ses communications sur Nevers.

Nous pensons donc que l'offensive dans la direction de Fontainebleau était praticable, à la condition d'être conduite avec prudence, et même que si l'on y employait toute l'armée, on avait de grandes chances d'atteindre la forêt. Mais une fois ce résultat obtenu, tout n'était pas fini. Si, en même temps, le général Ducrot était sorti de Paris, tout était pour le mieux, et la jonction était certaine, quelle que fût d'ailleurs la direction qu'il eût choisie pour arriver sur la Seine ; car s'il avait marché droit sur Fontainebleau, il suffisait de passer la Seine pour se réunir à lui, et dans le cas où il aurait pris plus au nord pour atteindre la Seine à Bray ou Nogent, il était encore facile de le joindre en portant un ou deux corps sur Montereau.

Alors même que pendant ce temps le prince Frédéric-Charles, renforcé, aurait repris l'offensive contre les corps laissés devant lui, on ne courait aucun danger, car ces corps pouvaient se retirer au delà du Loing ; nos deux armées n'en étaient pas moins réunies sur l'Yonne, présentant un effectif de près de 300,000 hommes, ayant leurs communications assurées avec le Morvan, qui était en notre possession.

Mais la sortie du général Ducrot n'était rien moins que certaine, nous sommes même d'avis qu'elle était bien peu probable; que devait faire l'armée de la Loire dans cette conjoncture après son arrivée à Fontainebleau? On pouvait bien songer à la porter au delà de la Seine et à la diriger sur Paris par la rive droite, mais il faut reconnaître qu'un pareil parti était bien périlleux, car les Allemands possédaient sur la Seine les ponts de Melun, de Corbeil et de Villeneuve-Saint-Georges, sur la Marne, ceux de Gournay et de Lagny; ils pouvaient, par suite, réunir entre ces deux cours d'eau des forces considérables, au milieu desquelles l'armée de la Loire se serait trouvée en l'air, risquant de perdre ses communications; c'était donc s'exposer à un désastre.

Dangers auxquels s'expose l'armée de la Loire si l'armée de Paris ne réussit pas à sortir

L'opération qui consistait à débloquer Paris en marchant sur Fontainebleau, était donc remplie de difficultés. Mais pour mieux apprécier ces difficultés, il faut considérer non seulement la situation des forces françaises et allemandes réunies autour de Paris et sur la Loire, mais aussi celle de toutes les forces en présence sur les divers théâtres d'opération; car il est certain que quoiqu'il y eût plusieurs théâtres distincts, les opérations n'y étaient pas complètement indépendantes les unes des autres, par suite de l'emploi des chemins de fer, qui permettait de part et d'autre de modifier d'une manière rapide la répartition des corps d'armée.

Or, comme nous l'avons vu, tandis que la II⁰ armée s'était portée de Metz, d'abord sur la Seine, puis sur la Loire, la Ire s'était acheminée vers l'Oise, et avait atteint cette rivière le 21 novembre à Compiègne, Noyon

La Ire armée allemande se porte sur la Somme

et Chauny. De là elle avait continué son mouvement sur la Somme, éclairée en avant et sur le flanc droit par la 3e division de cavalerie. Le 24, cette division poussait jusque sur la Luce, mais s'y trouvait en présence de forces assez nombreuses, qui l'obligèrent à se retirer.

Un corps français était, en effet, réuni depuis quelque temps en avant d'Amiens ; il comprenait 3 brigades avec 8 batteries, qui, à l'approche des Allemands, s'étaient établies entre la Somme et l'Avre, de Villers-Bretonneux à Boves.

En même temps, une division de 8,000 mobiles avec 12 pièces de canon avait pris position au sud d'Amiens, sur les hauteurs de Dury.

Dès que le général de Manteuffel eut connaissance de ce rassemblement de forces, il prit le parti de l'attaquer. Le 26, le VIIIe corps occupait Moreuil et Essertaux, la 1re division Roye, la 3e brigade d'infanterie et la cavalerie Le Quesnel. Pour le 27, les troupes du 1er corps durent se porter sur la Luce, appuyées à droite par la division de cavalerie, tandis que le VIIIe corps reçut l'ordre de passer la Noye et de s'avancer sur Amiens, par le sud.

<small>Bataille de Villers-Bretonneux (27 novembre).</small>

La lutte s'engagea sur la Luce dans la matinée et fut soutenue avec vigueur à Villers-Bretonneux par nos jeunes troupes ; cependant, l'après-midi, la retraite devint nécessaire. Le gros des forces françaises se retira par Corbie, où il traversa la Somme, tandis que les mobiles se repliaient par Amiens.

La ville fut occupée le lendemain, 28, par les Allemands.

Le jour même de la bataille, la petite place de La

Fère avait capitulé ; par suite de cette capitulation, le général de Manteuffel allait disposer des Ier et VIIIe corps complets et de la 3e division de cavalerie pour continuer son mouvement d'Amiens sur Rouen, où la présence d'un nouveau corps français d'une vingtaine de mille hommes lui était signalée.

Donc, à la fin du mois de novembre, la Ire armée allemande avait pu franchir l'Oise sans aucune difficulté, et, à la suite d'un combat victorieux, s'établir sur la Somme.

A l'autre extrémité du théâtre des opérations, les forces en présence se maintenaient à peu près sur leurs positions avec des alternatives de succès et de revers ; nous avions dans cette région deux corps distincts : l'un sous les ordres de Garibaldi, dans le Morvan ; l'autre sous le général Cremer, en avant de Chagny.

Les Français et les Allemands se tiennent en échec dans l'Est.

Ils avaient projeté de se porter sur Dijon, dont les environs étaient occupés par le XIVe corps allemand. Garibaldi, marchant par Sombernon, réussit à occuper Paques et Velars, à quelques kilomètres de Dijon, en refoulant, le 26, les bataillons badois qu'il avait devant lui. Werder prit aussitôt le parti d'attaquer Garibaldi avec le gros de ses forces, mais le lendemain il trouva le pays abandonné par les Français. Garibaldi, en effet, prévenu de la concentration des forces allemandes, s'était mis en retraite par Arnay-le-Duc. Werder le fit suivre, le 28, par la 3e brigade et une partie de la 1re ; ces troupes occupèrent Sombernon, sans difficulté, le 29 et le 30 Arnay-le-Duc. Mais le 1er décembre la 3e brigade ayant continué sur Autun y trouva le corps de Garibaldi solidement établi. Tous les efforts des Badois pour l'en chasser échouèrent ; ils se disposaient cependant à renouveler l'attaque le lendemain matin, lorsqu'ils reçurent l'ordre de revenir sur Dijon. La brigade se mit rapidement en retraite sur Arnay-le-Duc et continua le 3 décembre dans la direction de Sombernon. Mais en arrivant à Vandenesse, elle fut assaillie par les troupes du général Cremer, qui, sur l'invitation de Garibaldi, s'était porté de Beaune sur la route d'Autun à Dijon. Les Badois ne se dégagèrent pas sans peine ; cependant, après avoir refoulé les troupes françaises, ils purent continuer leur retraite et arivèrent le soir à Velars pour gagner Dijon le lendemain.

Les jours précédents, une autre colonne de la division Cremer s'était heurtée sur la route de Beaune à Dijon à la 2e brigade badoise, et l'avait combattue avec succès à Nuits, dans la journée du 30, en l'obligeant à se retirer sur Dijon. Werder trouvait donc devant lui des forces qui, non seulement arrêtaient ses progrès dans la vallée de la Saône, mais qui, de plus, l'obligeaient à se resserrer autour de Dijon. Cependant, outre qu'il devait contenir les forces de Garibaldi et de Cremer, il avait à observer les garnisons de Besançon et de Langres.

La situation du XIVe corps à la fin de novembre était donc assez précaire.

C'est pour cette raison que la partie principale du VIIe corps fut distraite de la Ire armée et dirigée sur la Haute-Seine, où les premiers détachements purent arriver au commencement de décembre, en utilisant la voie ferrée de Blesme à Chaumont.

En somme la situation des forces françaises et allemandes, à la fin de novembre, était la suivante :

Situation des forces en présence à la fin de novembre.

Autour de Paris, la IIIe armée et la IVe armée allemandes, renforcées depuis près d'un mois du IIe corps d'armée venu de Metz, bloquaient les forces qui y étaient renfermées. Celles-ci comprenaient une armée de 100,000 hommes bien organisée et prête à tenir la campagne dès qu'elle pourrait rompre la ligne d'investissement, et une autre armée également de 100,000 hommes, pour garder tout le pourtour de Paris, après le départ de la première, et avec l'aide de ce que l'on pourrait tirer de bon de la garde nationale.

Sur la Loire, une grande armée française de près de 180,000 hommes, et vis-à-vis d'elle les trois corps de la IIe armée, avec les forces du duc de Mecklembourg qui, ensemble, formaient à peu près 110,000 hommes ; sur la Somme, les deux corps de la Ire armée qui venaient de refouler un corps d'une vingtaine de mille hommes d'Amiens vers le Nord et qui se disposaient à marcher sur Rouen, au devant d'un autre corps de même force ; dans l'Est, des forces qui se tenaient en échec entre Dijon, Autun et Besançon, tandis qu'un corps allemand bloquait Belfort.

Or, si l'on envisage l'ensemble de cette situation, on voit aisément toutes les difficultés que les armées françaises de Paris et de la Loire avaient à surmonter pour opérer leur jonction sur la Seine aux environs de Fontainebleau.

Difficultés du plan de jonction sur la Seine au-dessus de Paris.

Il fallait d'abord que l'armée de la Loire obtînt une victoire qui lui ouvrirait le chemin de Fontainebleau, c'était possible ; mais il fallait de plus qu'en même temps l'armée de Paris parvînt à rompre la ligne d'investissement, ce qui était peu probable. Et si cette dernière était rejetée dans Paris, l'armée de la Loire, même après une première victoire, pouvait se trouver dans une situation critique ; car le prince Frédéric-Charles réuni au duc de Mecklembourg, après avoir reçu quelques renforts de Paris, pouvait bien reprendre l'offensive et battre l'armée de la Loire, soit en deçà, soit au delà de la Seine. Or, il est certain que le prince Frédéric-Charles pouvait être renforcé en peu de temps. En effet, en dehors des troupes qui faisaient déjà face à l'armée de la Loire et de celles qui investissaient Paris, le grand quartier général pouvait disposer de la Ire armée.

Cette armée qui, le 28, occupait Amiens, pouvait en quelques jours revenir sur Paris et rendre disponible l'armée de la Meuse presque tout entière.

Dans ces conditions, non seulement l'armée de la Loire n'aurait pas dégagé Paris, mais sa sécurité pouvait être compromise ; engagée aux environs de Fontainebleau, elle pouvait être coupée de la Loire et rejetée en désordre sur le Morvan.

Le plan de sortie par la Basse-Seine offrait seul des chances sérieuses de succès.

Que faut-il conclure de toutes ces considérations ? C'est que le plan qui avait pour but la jonction des deux armées françaises sur la Seine, au-dessus de Paris, était essentiellement défectueux, parce que même dans les circonstances les plus favorables, on se trouvait conduit au milieu des forces allemandes sans aucun point d'appui de quelque valeur. Tout autres étaient les chances que présentait un projet de jonction sur la Basse-Seine. Alors si l'armée de la Loire obtenait une première victoire, elle ne risquait pas, en marchant sur Paris, de perdre ses communications, et si le blocus était levé seulement pendant quelques jours, l'armée du général Ducrot pouvait sortir et trouvait de suite un point d'appui dans une région que les Allemands n'occupaient pas encore solidement.

Même après toutes les fautes commises à la suite de la bataille de Coulmiers, le pays du Loir et de l'Eure était donc encore, à la fin de novembre, le théâtre d'opérations qui nous était le plus favorable. Les difficultés des premiers combats étaient à peu près les mêmes que du côté opposé; mais si l'on réussissait, on obtenait des résultats beaucoup plus importants sans compromettre la sécurité de l'armée.

En outre, en marchant par Fontainebleau, on n'avait absolument aucune chance de ravitailler Paris; car si, sous prétexte de protéger des convois, on voulait s'attarder autour de la capitale, on risquait d'y être enfermé avec le général Ducrot, c'est-à-dire que le remède était pire que le mal.

Il en était tout autrement de l'autre côté, car une fois arrivé à Versailles, on pouvait, après jonction faite, rester pendant quelque temps lié à la capitale, protéger la sortie d'un grand nombre de bouches inutiles et l'arrivée d'une certaine quantité d'approvisionnements. Or, il est clair que les trains et convois de ravitaillement ne pouvaient être organisés que dans la zone comprise entre Tours et Rouen; mais dans ce secteur on avait de nombreuses lignes ferrées à sa disposition; sans compter celles de Tours dont on n'eût sans doute pas pu se servir, il y avait celle du Mans, celle d'Argentan, celle de Caen et celle de Rouen.

Nos 250,000 hommes établis face à l'est depuis Versailles jusqu'à Rambouillet, pouvaient couvrir ces lignes, et quand même ils auraient été obligés de céder le terrain, ils ne couraient aucun risque, pouvant toujours exécuter leur retraite sur l'Eure, en couvrant leurs communications avec l'ouest.

Dans tous les cas, la concentration préalable de l'armée de la Loire était indispensable.

Nous pensons donc que, même après avoir perdu l'occasion de marcher sur Paris avant l'arrivée des corps de Metz, c'était encore par l'ouest qu'on avait le plus de chance de réussir à dégager la capitale pour quelque temps, après l'arrivée de ces corps. Mais, quelle que fut la direction choisie, il est bien évident que, pour atteindre le but, il fallait tout d'abord battre les forces allemandes que l'on rencontrerait sur la route. Si défectueuse que fût la marche sur Fontainebleau, si elle offrait cependant une chance favorable, c'était à la condition que l'armée de la Loire commençât par obtenir une victoire, et il est certain qu'il n'y avait qu'un moyen d'y arriver, c'était de suivre la marche que nous avons indiquée plus haut.

Or, il faut reconnaître que la Délégation semble avoir compris que, pour atteindre Fontainebleau, l'attaque par l'est de la forêt d'Orléans était la meilleure. Malheureusement, le Ministre de la guerre ni son délégué ne se sont dit qu'on ne pouvait obtenir de succès qu'à la condition de se concentrer. Sans doute, on ne devait pas porter de suite toutes nos forces vers l'est, car, pour dissimuler la concentration, il fallait en maintenir une fraction assez considérable vers la gauche ; mais il fallait n'y laisser que le nécessaire. Ce qu'on devait éviter surtout, c'était de porter un de nos corps sur Châteaudun, pendant le temps même qu'on en dirigeait d'autres sur Bellegarde et Ladon.

On doit éviter de se disperser dans la défensive, parce qu'on arrive à ce résultat : de ne pouvoir résister nulle part ; mais, c'est encore une bien plus grande faute dans l'offensive, parce que l'on s'ôte le moyen d'exercer le puissant effort qu'elle réclame. On dira peut-être, pour excuser les dispositions de M. de Freycinet, qu'il était pressé d'agir ; qu'en commençant le mouvement de la droite de l'armée avant la concentration, il ne voulait pas encore poursuivre sur Fontainebleau, mais surtout menacer la gauche allemande, de manière à dégager les provinces de l'Ouest. Mais ces considérations ne sont pas suffisantes pour justifier les dispositions qui ont été prises. En somme, par l'organisation incomplète du 18e corps, on n'a pu livrer bataille que le 28 novembre ; or, il est facile de voir qu'à la même date on pouvait y faire concourir des forces bien plus considérables, sans craindre de découvrir Orléans, à cette seule condition d'attirer sur ce point le 17e corps au lieu de l'envoyer sur Châteaudun.

En raison de l'organisation imparfaite de ce dernier corps, il nous semble que ce qu'il y avait de mieux à faire, c'était, avant de prendre l'offensive, de renforcer les 18e et 20e du 16e qui se serait porté de la gauche à la droite de l'armée, en passant derrière le 15e. La droite de ce dernier corps aurait dû aussi concourir à l'opération, et le 17e corps était encore en mesure de couvrir Orléans avec les 2e et 3e divisions du 15e.

Les mouvements pouvaient s'exécuter de la manière suivante :

Marche à suivre pour concentrer l'armée sur la droite.

Le 24, le 17ᵉ corps était porté sur Coulmiers, ce qui était possible, puisque dans la réalité, ce même jour, il a occupé Châteaudun; la 1ʳᵉ division s'avançait jusqu'à Saint-Péravy. En même temps, le 16ᵉ corps évacuait ses positions et venait s'établir entre Ormes et Orléans; la 3ᵉ division du 15ᵉ corps le remplaçait à droite de Saint-Péravy.

Continuant son mouvement, le 16ᵉ corps arrivait le 25 à Fay-aux-Loges le 26 à Courcy-aux-Loges, tandis que le 17ᵉ s'avançait sur Orléans, de manière à soutenir le 15ᵉ.

A notre avis, le mieux eût été de fondre ces deux derniers corps d'armée, de manière à réunir chacune des divisions du 17ᵉ à une division du 15ᵉ, et de former ainsi 3 corps à 2 divisions qui auraient pris les nᵒˢ 15, 17 et 19. Deux de ces corps s'établissaient en avant d'Orléans, depuis Chevilly jusqu'à Ormes, pendant que le 3ᵉ, réuni en avant de Loury, était disposé de manière à appuyer l'offensive sur Beaune-la-Rolande et Pithiviers.

La journée du 27 était employée aux derniers préparatifs : le 16ᵉ corps restait à Courcy-aux-Loges, le 18ᵉ se concentrait à Ladon, le 20ᵉ à Bois-Commun, et le 15ᵉ corps à Chilleurs-aux-Bois. La concentration n'était donc pas plus impossible sur la droite que sur la gauche de l'armée, et, quoique à notre avis cette dernière fût bien préférable à l'autre en vue de la suite des opérations, il est certain que celle-là pouvait aussi nous procurer de nouveaux succès.

Le 28, les quatre corps 15ᵉ, 16ᵉ, 18ᵉ et 20ᵉ se portaient en avant : le 18ᵉ, de Ladon sur Beaune; le 20ᵉ, de Bois-Commun sur Batilly; le 16ᵉ, de Courcy sur Courcelles; le 15ᵉ, de Chilleurs sur Boynes.

En somme, on pouvait prendre l'offensive avec près de 120,000 hommes, dont la moitié appartenant aux 15ᵉ et 16ᵉ corps avaient déjà fait leurs preuves, et avec un chef comme le général Chanzy.

On pouvait attaquer entre Pithiviers et Beaune-la-Rolande avec près de 120,000 hommes.

A la suite d'un premier succès, on ne devait pas hésiter à changer de ligne d'opération, en évacuant Orléans et en prenant ses communications par Gien sur Nevers. Les deux corps laissés sur la gauche auraient alors rejoint le gros de l'armée en marchant, l'un par Châteauneuf et Bellegarde, l'autre par Loury, et de là, suivant les circonstances, soit sur Nancray, soit sur Chilleurs, pour concourir à l'attaque de Pithiviers.

Dans tous les cas, toute l'armée se trouvait réunie entre l'Essonne et le Loing, en mesure de poursuivre les opérations, comme nous l'avons indiqué plus haut.

Telles sont donc les dispositions qu'à notre avis il convenait de suivre dès que l'on prenait la forêt de Fontainebleau pour premier objectif.

Sans doute, on n'aurait pas réussi à débloquer Paris; mais on aurait pu obtenir de réels succès, qui auraient pu amener des conséquences heureuses pour peu qu'on eût modifié l'idée première des opérations que l'on voulait entreprendre.

Malheureusement, quand vint le moment d'entrer en action, on n'avait rien fait pour préparer l'offensive; l'armée de la Loire, à la fin de novembre, se trouvait encore dispersée sur un front de 80 kilomètres, et l'on n'avait pris aucune mesure pour la concentrer rapidement. Le soir de la bataille de Beaune-la-Rolande, les troupes françaises se retirèrent, comme nous l'avons vu, le 20ᵉ corps sur Bois-Commun et Saint-Loup, le 18ᵉ

L'armée française reste dispersée.

sur Maizières. Ces troupes s'étaient vaillamment conduites, mais elles avaient été fortement éprouvées, surtout le 20ᵉ corps.

Prévenu du résultat de la journée, M. de Freycinet décida le lendemain que les deux corps se reposeraient quelques jours avant de reprendre l'offensive. Malgré l'échec que nos troupes venaient de subir, les membres de la Délégation surent apprécier leur dévouement; les généraux Crouzat et Billot furent félicités, spécialement ce dernier, qui fut nommé général de brigade à titre définitif, et on déclara que son corps d'armée avait bien mérité de la patrie. En même temps, la 1ʳᵉ division du 15ᵉ corps, qui dans l'après-midi du 28 avait commencé un mouvement sur sa droite, reçut l'ordre de reprendre ses positions en avant de Loury, à Chilleurs-aux-Bois et Neuville, tandis que les deux autres divisions du 15ᵉ corps et le 16ᵉ restaient en avant d'Orléans, de Chevilly à Saint-Péravy, et que le 17ᵉ, qui commençait à se remettre, se portait à Ouzouer-le-Marché.

Dispositions du prince Frédéric-Charles après la bataille de Beaune-la-Rolande.

Du côté des Allemands, le prince Frédéric-Charles, le soir même de la bataille de Beaune-la-Rolande, s'attendant à voir la lutte recommencer le lendemain, avait prescrit aux corps sous ses ordres un nouveau mouvement sur la gauche. Les corps X et III avaient l'ordre de se concentrer en position d'attente autour de Longcourt et de Beaune-la-Rolande. Le IXᵉ corps devait porter deux brigades sur Boynes et Bazoches-les-Gallandes, et le reste du corps d'armée suivre, dès que la tête de colonne du grand-duc se montrerait à Toury. Celui-ci, en effet, après s'être reposé le 28, dut, le jour suivant, se remettre en marche vers l'est, de manière à atteindre la route d'Orléans à Paris. Ces divers mouvements s'exécutèrent dans la journée du 29. Du côté de la IIe armée, les avant-postes allemands suivirent le mouvement de retraite des corps 18 et 20 et réoccupèrent Venouille et Juranville; le gros de cette armée était établi entre Lorcy et Pithiviers, couvert par les 1re et 2e divisions de cavalerie; une division seulement du IXe corps restait près de la route de Paris, sur laquelle débouchait la 4e division de cavalerie, précédant les divisions prussiennes du grand-duc.

Le duc de Mecklembourg continue son mouvement vers l'Est.

Ces divisions étaient venues s'établir : la 22e entre Allaines et Janville, la 17e à Germignonville, ayant une avant-garde à Bazoches-les-Hautes et un régiment de cavalerie à Loigny ; elles avaient pu exécuter leurs mouvements sans rencontrer les Français.

Combat de Varize (29 novembre).

Quant aux Bavarois, s'étant mis en marche de Châteaudun sur Orgères, ils se heurtèrent, près de Civry, aux francs-tireurs du colonel Lipowski, qui occupait Varize. A la suite d'un chaud engagement, ils avaient débusqué les francs-tireurs de leurs positions en faisant de nombreux prisonniers. En même temps, la 6e division de cavalerie s'avançait de Courtalin, par Cloyes, sur le flanc droit des Bavarois. Son avant-garde rencontra quelques partis de cavalerie française vers Villamblain et les rejeta sur Tournoisis ; mais là elle fut arrêtée par le 3e bataillon de chasseurs, que le général Chanzy avait amené en personne. Le gros de la division de cavalerie prussienne prit ses cantonnements à Villampuy, les Bavarois entre Cormainville et Orgères.

Le général Chanzy avait immédiatement rendu compte

de ce qui s'était passé au général d'Aurelle, qui, s'attendant à une attaque sur sa gauche pour le lendemain, donna immédiatement des instructions à tous ses chefs de corps pour appuyer le 16e corps.

Par suite de ces instructions, la 1re division du 15e corps, qui était réunie à Loury et Chilleurs, devait se tenir prête à appuyer sur la gauche de l'armée, tandis que les deux autres divisions du 15e corps, qui occupaient Chevilly et Gidy, avec la réserve d'artillerie qui se trouvait à Cercottes, soutiendraient directement le 16e corps. Le 17e corps devait marcher sur Coulmiers pour appuyer la gauche du général Chanzy, et ce dernier devait, en cas d'attaque, soutenir le choc de l'ennemi, et se retirer au besoin en défendant le terrain pied à pied et en attendant les secours qui lui étaient annoncés.

Enfin, les 18e et 20e corps avaient pour mission de couvrir le flanc droit de l'armée.

Mais en réalité, l'attaque que le général Chanzy avait fait pressentir, n'eut pas lieu.

Le prince Frédéric-Charles n'avait pas encore pris le parti d'attaquer, croyant toujours avoir à résister à un nouveau mouvement de l'armée française sur Beaune-la-Rolande. Le duc de Mecklembourg n'eut donc, dans la journée du 30 novembre, qu'à achever le mouvement qu'il avait commencé la veille, de manière à atteindre la route de Paris à Orléans.

Le général Chanzy l'observait avec soin ; et voyant les Bavarois continuer leur marche par la route de Châteaudun à Orgères, il aurait voulu se jeter dans leur flanc ; mais il avait l'ordre du général en chef de rester sur la plus stricte défensive.

Nous dirons encore que, dans cette circonstance, il est profondément regrettable que le général d'Aurelle n'ait pas cédé aux instances du général Chanzy. Il était bien visible, par tous les renseignements que l'on avait au sujet du duc de Mecklembourg, que celui-ci, après avoir atteint le Loir, aux environs de Châteaudun, cherchait à se rapprocher du prince Frédéric-Charles, et il ne pouvait qu'y avoir avantage à l'attaquer avant qu'il ait achevé son mouvement. La situation pouvait paraître d'autant plus favorable, que malgré l'échec que la droite de l'armée venait d'éprouver à Beaune-la-Rolande, il était probable que l'attention du prince Frédéric-Charles avait été attirée de ce côté, qu'il y avait porté des renforts, et par conséquent, qu'en attaquant le duc de Mecklembourg, on avait des chances de le trouver encore isolé pendant deux ou trois jours. Pour prendre l'offensive de ce côté, on disposait du 16e corps et des 2e et 3e divisions du 15e, c'est-à-dire de plus de 60,000 hommes, tandis que le duc de Mecklembourg n'en avait pas beaucoup plus de 40,000, que l'on avait des chances de trouver mal concentrés ; et, pour tirer parti de cette situation, le général en chef n'avait qu'à donner suite aux dispositions préparatoires qu'il avait prescrites le 29 pour résister à l'attaque que le général Chanzy avait fait pressentir. Cette attaque n'ayant pas eu lieu, il fallait provoquer le combat, en allant chercher l'ennemi sur Orgères et Loigny. On aurait été amené à dégarnir le centre de la position que l'on occupait ; néanmoins il n'y avait pas à redouter de voir immédiatement l'armée coupée en deux parties ; car la 1re division du 15e corps serait restée en avant d'Orléans, où elle pouvait être soutenue en deux jours par le

Le général d'Aurelle persiste à ne pas attaquer.

17ᵉ corps, à peu près remis de sa retraite désordonnée. Malheureusement le système de guerre qu'avait adopté le général d'Aurelle devait jusqu'à la fin produire les plus funestes conséquences. On ne saurait trop le répéter : l'organisation du camp retranché d'Orléans comportait en elle-même un vice fondamental qui mettait l'armée dans un complet état d'impuissance.

Ce n'était pas la cause des opérations décousues qui avaient été prescrites sur Châteaudun et Beaune-la-Rolande ; ces opérations provenaient de l'intervention de la Délégation, qui dirigeait de Tours une partie de l'armée, et dans un sens opposé aux idées du général en chef. Mais ce dernier, en persistant à maintenir dans l'inaction les corps qu'il avait directement sous la main, et qui étaient les meilleurs de l'armée, avait manqué toutes les bonnes occasions qui s'étaient présentées depuis la bataille de Coulmiers. C'est ainsi que le duc de Mecklembourg avait pu, sans danger, s'avancer sur le Mans, revenir sur le Loir, et qu'enfin il put, sans difficultés, achever le mouvement qui le rapprochait de la IIᵉ armée allemande.

Le 30, la 22ᵉ division prussienne poussa jusqu'à Toury, la 17ᵉ atteignit Allaines et les Bavarois, Orgères. En même temps la 6ᵉ division de cavalerie, qui fut affectée à la IIᵉ armée, se porta sur Nottonville, tandis que la 4ᵉ, pour la remplacer, vint occuper Sancheville et Viabon.

Du côté de la IIᵉ armée, les Xᵉ et IIIᵉ corps avaient l'ordre d'éclairer, dans la direction de Bois-Commun et de Montargis, et leurs reconnaissances se heurtèrent aux troupes des 18ᵉ et 20ᵉ corps qui avaient dirigé quelques colonnes vers le nord pour couvrir le mouvement général entamé dans la direction du 15ᵉ corps. Il en résulta quelques engagements de peu d'importance vers Maizières, qui cependant attirèrent suffisamment l'attention du prince Frédéric-Charles pour l'amener à diriger le IXᵉ corps tout entier sur Boynes. Toutefois, comme les Français ne prononçaient aucun mouvement offensif, ce corps d'armée fut rappelé le soir sur Pithiviers. Les deux armées en présence se trouvaient donc le soir du 30 novembre dans des conditions assez semblables. Elles s'étendaient sur un front de même développement d'Orgères à Beaune, d'une part, et de Patay à Bellegarde, de l'autre. Ni d'un côté ni de l'autre la concentration n'était complète, et des deux côtés il fallait à peu près le même temps pour l'achever.

On était dans cette situation lorsque l'on reçut à Tours la dépêche du Gouverneur de Paris, expédiée le 24, et qui annonçait que le général Ducrot commencerait ses opérations le 29.

Arrivée de la dépêche annonçant l'attaque de l'armée de Paris (30 novembre).

On comprit à la Délégation qu'il n'y avait pas de temps à perdre ; car le général Ducrot devait être aux prises avec les Allemands depuis la veille. Aussi M. de Freycinet télégraphia de suite au général en chef de terminer ses préparatifs pour se porter en avant et convoqua les principaux généraux au quartier général de Saint-Jean-de-la-Ruelle, dans le but d'arrêter les dispositions à prendre pour marcher au-devant de l'armée de Paris.

A la fin du mois de novembre, à Paris comme en province, le moment était donc venu, où l'on allait entreprendre, avec les nouvelles forces que l'on venait de créer, des opérations décisives. Avant d'exposer ces opérations, résumons les événements qui venaient de se dérouler pendant le dernier mois, afin de bien mettre en relief les conditions dans lesquelles la lutte allait s'engager.

<small>Résumé des opérations du mois de novembre.</small>

Sur la Loire une nouvelle armée de plus de 90,000 hommes était prête à entrer en action dès la fin du mois d'octobre, et en la dirigeant sur Orléans, on réussit à obtenir à Coulmiers la première victoire qu'aient remporté les Français depuis le commencement de la guerre. En même temps les forces de Paris achevaient de s'organiser, le général Ducrot était prêt à sortir par la Basse-Seine à la tête de 100,000 hommes, et il réclamait le concours des armées de province.

Mais au lieu de profiter de la victoire de Coulmiers pour tenter de dégager Paris, avant l'arrivée des forces allemandes que la capitulation de Metz rendait disponibles, le général d'Aurelle de Paladines et la Délégation de Tours furent d'accord pour établir l'armée de la Loire dans un vaste camp retranché en avant d'Orléans. Et c'est ainsi que le duc de Mecklembourg put parcourir librement nos provinces de l'Ouest avec des forces qui ne dépassaient guère 45,000 hommes, sans être inquiété par l'armée française qui, quelques jours après Coulmiers, pouvait être portée à 120,000 hommes.

Cependant, tandis que le général d'Aurelle persistait à rester dans ses positions fortifiées, on comprenait instinctivement, à Tours, la nécessité de se mettre en mouvement pour dégager la capitale, et l'on demandait au général en chef un plan d'opérations conduisant sur Paris; mais, en même temps, on refusait de lui communiquer les projets de sortie du général Ducrot, que l'on connaissait et que l'on savait approuvés par le général Trochu et par Jules Favre. C'est qu'en effet, on était décidé, à la Délégation de Tours, à ne tenir aucun compte de ces projets. M. de Freycinet avait, au contraire, imaginé un autre plan, tendant à amener la jonction de l'armée de la Loire avec celle de Paris aux environs de Fontainebleau, et le gouverneur fut sommé de conformer ses opérations à ce nouveau plan.

Le général Trochu consentit à modifier ses premiers projets, et le général Ducrot, quoique à regret, se mit à préparer l'offensive de son armée du côté de la Marne.

Mais, pendant qu'à Paris on se disposait, avec toute l'activité possible, à entrer dans les vues de la Délégation de Tours, celle-ci n'avait rien fait pour se mettre en mesure de pousser l'armée de la Loire sur le point de jonction qu'elle avait elle-même choisi.

Au lieu de concentrer cette armée, afin de lui donner le moyen de produire tout l'effort dont elle était capable, on trouva le moyen de la disperser sur un front de 80 kilomètres, et plusieurs corps aux deux extrémités de notre front d'opérations éprouvèrent divers échecs qui eurent une influence funeste sur le moral de l'armée aussi bien que sur sa situation matérielle.

Ces mouvements décousus furent exécutés d'après les ordres de la Délégation de Tours, qui jugea tout juste utile d'en avertir le général d'Aurelle. Pendant ce temps, celui-ci restait inactif avec le centre de l'armée, qui comprenait la meilleure partie de nos troupes.

Cette dualité dans la direction de nos forces, peut être considérée comme la principale cause des échecs que l'on venait d'éprouver ; car, si défectueux que fût en lui-même le plan exclusivement défensif du général d'Aurelle, il aurait au moins amené le résultat de tenir les divers corps de l'armée bien ensemble, et puisque l'on avait tout d'abord accepté le principe de ce plan défensif, il fallait : ou bien laisser le général en chef l'exécuter, ou bien lui donner tous les renseignements dont il avait besoin pour le modifier. Il y a quelque chose de plus dangereux que d'adopter un mauvais plan d'opérations, c'est de vouloir utiliser les ressources dont on dispose d'après des idées contradictoires.

L'intervention de la Délégation dans la direction de plusieurs de nos corps d'armée est donc la vraie cause de la situation défavorable dans laquelle se trouvait l'armée au moment où allaient s'engager les opérations décisives.

Après avoir forcé le gouverneur de Paris à abandonner un plan longuement étudié et soigneusement préparé, pour lui en imposer un autre qui était loin de présenter les mêmes chances de succès, on ne se trouvait même pas prêt à lui prêter le concours qu'on lui avait promis.

On peut donc dire que ce qui caractérise cette période du mois de novembre, c'est qu'après avoir produit dans toute la France un effort puissant qui surprit nos ennemis autant que le reste de l'Europe, on ne sut pas utiliser les nouvelles forces que l'on venait de créer. Cependant, nous avions à Paris 200,000 hommes capables de combattre, et sur la Loire une armée presque aussi nombreuse et qui ne manquait pas de bons éléments. Il est certain qu'avec de pareilles ressources, on avait le droit d'engager une nouvelle lutte avec quelque confiance.

La direction supérieure seule fit défaut en province et nous empêcha de recueillir les fruits des efforts que l'on avait faits depuis deux mois ; et, en réalité, nous allions entreprendre des opérations décisives dans les conditions les plus défavorables.

<small>Les opérations décisives vont s'engager dans des conditions défavorables.</small>

Avant tout, un plan essentiellement défectueux dans son ensemble. Pour qu'il pût réussir, il aurait fallu être favorisé par la fortune et compenser par une exécution aussi habile que vigoureuse tous les vices de la conception.

Mais, au contraire, nous allions nous porter à l'ennemi sans rien modifier à l'état de dispersion dans lequel se trouvait l'armée de la Loire. Dans ces conditions, au lieu d'une victoire fort possible en avant d'Orléans, nous allions éprouver de nouveaux désastres, et l'armée de Paris, comme il était très probable, allait briser tous ses efforts contre la ligne d'investissement des Allemands.

PARIS. — IMPRIMERIE L. BAUDOIN ET Cⁱᵉ, 2, RUE CHRISTINE.